MERIAN *live!*

W0054432

STOCKHOLM

Charlotta Rüegger, in Brasilien geboren, übersetzt (u. a. Helene Tursten) und segelt in den Schären. **Holger Wolandt** arbeitet als Herausgeber (u. a. »Elche im Schnee«) und Übersetzer in Stockholm. Sie haben auch den Band Stockholm in der Reihe MERIAN *porträts* geschrieben.

 Familientipps

 Barrierefreie Unterkünfte

 Umweltbewusst Reisen

 FotoTipp

 Faltkarte

INHALT

◄ In Stockholm – hier der
Stadtteil Södermalm – ist man
immer nah am Wasser.

Unterwegs in Stockholm 54

Spaziergänge und Ausflüge 94

Wissenswertes über Stockholm 110

Karten und Pläne

Willkommen in Stockholm

Die einmalige geografische Lage zwischen dem malerischen Mälarsee und der Ostsee macht Stockholm zu einer der schönsten Hauptstädte der Welt.

Die Tourismusstrategen der schwedischen Hauptstadt erklärten Stockholm einst zur Capital of Scandinavia, zur Hauptstadt Skandinaviens. Zu Recht! Nirgendwo im Norden sind urbanes Leben, Großstadt, die Intimität einer mittelalterlichen Altstadt und idyllische Abgeschiedenheit eine so harmonische Verbindung eingegangen. Das Wasser und die 57 Brücken, die die 14 Inseln miteinander verbinden, gliedern die Stadt, die im 13. Jh. am Übergang von Mälaren in die Ostsee entstand. Neben dem Blau des Wassers dominiert in Stockholm vor allem die Farbe Grün. Überall gibt es Parks, große wie kleine: Djurgården, den

ersten Nationalstadtpark der Welt, Blecktornsparken, Vita Bergen und Långholmen auf Söder, den Kronobergsparken auf Kungsholmen, Humlegården auf Östermalm und Tegnerlunden, Vasaparken und Vanadislunden in Vasastan.

Stadt der Fußgänger

Vor den Toren der Stadt, auf der Lovön im Mälaren, im Weltkulturerbe Drottningholm residiert König Carl Gustaf mit seiner Königin Silvia. Im Sommer 2010 heiratete Kronprinzessin Victoria den Fitnessstudiobesitzer Daniel Westling und erhielt ebenfalls ein eigenes, allerdings bedeutend kleineres Schloss, das Haga

◄ Romantisches Stockholm: Blick von der Djurgårdsbron auf Djurgården (▶ S. 105) und Strandvägen.

Slott im lauschigen Hagaparken. Von dort kann Victoria ihren Vater bequem in einer Dreiviertelstunde zu Fuß in seinem Amtssitz, dem barocken Schloss in der Altstadt Gamla Stan, aufsuchen. Stockholm ist einfach eine Stadt der Fußgänger und Flaneure. Wer sich nach dem Besuch des Schlosses und der Wachablösung – in der Saison herrscht dort immer ein ziemliches Gedränge – nach einem erfrischenden Bad sehnt, benötigt nur eine halbe Stunde zu Fuß nach Långholmen: Dort stehen zwei Badestellen zur Auswahl, Klippbadet, das Felsenbad, und ein Strand vor dem ehemaligen Gefängnis, das seit einigen Jahren eines der pittoreskesten Hotels (und Jugendherberge) der Stadt beherbergt.

Die autofreie Altstadt Gamla Stan ist ein Paradies für Kinder. In den engen, verwinkelten Gassen lässt sich pures Mittelalter erleben. Unzählige Cafés verlocken zum Verweilen. Stockholm ist keine Kneipenstadt, hat aber dafür eine sehr ausgeprägte Cafékultur. Fast alle Schweden gehen in ihrer Mittagspause in ein Restaurant, wovon auch der Reisende profitiert: Beinahe überall wird ein preiswerter Mittagstisch angeboten.

Seit dem 19. Jh. ist Norrmalm das Herz der Stadt: Hier liegen Hauptbahnhof (Centralen), Bankpaläste und Warenhäuser. In Vasastan auf der Dalagatan am Vasaparken verbrachte die bekannteste Kinder- und Jugendbuchautorin der Welt, Astrid Lindgren, den größten Teil ihres Lebens. Vasaparken taucht in etlichen ihrer Werke auf.

Die Schweden sind es, die die Wohnungen der Welt möblieren und den Weltbürger einkleiden: Für die beiden IKEA-Warenhäuser muss man in die Vorstadt fahren, nach Kungens Kurva oder Barkarby, auf einen H & M-Laden stößt man auf Norrmalm buchstäblich alle paar Meter. Wer es etwas exklusiver möchte, für den gibt es schwedisches Design und exklusive Modemarken im Nobelwarenhaus NK, auf der Biblioteksgatan im vornehmen Östermalm oder auf der Götgatan im Hipster-Stadtteil Södermalm.

Kultur und Krimi

Aber auch kulturelle Interessen kommen in Stockholm nicht zu kurz. Hier haben die Verlage Bonnier und Norstedt ihren Sitz, die auch den deutschen Lesern die Bestseller eines Stieg Larsson (Schauplatz ist Södermalm) und Lars Kepler mit seinem Ermittler Joona Linna bescheren. Bonnier ist auch die Gründung einer Galerie zu verdanken, die Bonniers Konsthall (Kunsthalle). Das private Mäzenatentum hat in der schwedischen Hauptstadt Tradition: Die schönsten Werke des berühmtesten schwedischen Malers Carl Larsson hängen im Museum des Bankiers Ernest Thiel auf Djurgården. Hier steht auch die Villa des Malerprinzen Eugen, Prins Eugens Waldemarsudde.

Die meisten Besucher haben jedes Jahr das Wrack der »Vasa«, die nach 333 Jahren auf dem Meeresgrund gehoben wurde, sowie das Freilichtmuseum Skansen: Hier kann man sich an einem Nachmittag geruhsam ein Bild von ganz Schweden machen, um dann wieder ins pulsierende Leben seiner Hauptstadt einzutauchen.

MERIAN TopTen

zeigt Ihnen die Höhepunkte der Stadt: Das sollten Sie sich bei Ihrem Besuch in Stockholm nicht entgehen lassen.

Das Freilichtmuseum Skansen, das das Schweden und Stockholm vergangener Tage präsentiert, sowie das Regalschiff Vasa, das nach 333 Jahren auf dem Meeresgrund gehoben wurde, sind Sehenswürdigkeiten von internationalem Rang. Ganz in der Nähe liegen weitere TopTen, der Vergnügungspark Gröna Lund, von den Stockholmern »Grönan« genannt, die Schätze der

Wikinger sowie die Kunstschätze des Malerprinzen Eugen.

MERIAN TopTen 360°

Damit Sie sich vor Ort schneller orientieren können, finden Sie zu ausgewählten MERIAN TopTen auf den folgenden Seiten Umgebungskarten mit Restaurant-, Einkaufsempfehlungen und Tipps für weitere Sehenswürdigkeiten.

1 Grand Hôtel
Herberge der Nobelpreisträger mit Blick auf das Schloss und die Schärendampfer (▸ S. 21).

2 Gröna Lund
Traditionsreicher Tivoli Stockholms mit traumhafter Lage direkt am Wasser (▸ S. 51).

3 Kungliga slottet
In diesen ehrwürdigen Gemäuern haben Silvia und Carl Gustav ihre Büros (▸ S. 62).

4 Långholmen
Eine der grünen Lungen der Stadt mit Blick auf Kungsholmen und Gamla Stan (▸ S. 65).

5 Guldrummet im Historiska museet
Die Schätze aus den Wikingergräbern werden in einem Tresorgewölbe gezeigt (▸ S. 82).

6 Prins Eugens Waldemarsudde
Auf Djurgården liegt das Atelier des Malerprinzen Eugen (▸ S. 88).

7 Skansen
Historische Bauernhöfe und alte Landrassen lassen die Welt Bullerbüs entstehen (▸ S. 89).

8 Vasamuseet
Das Regalschiff sank 1628 und blieb auf dem Meeresgrund erstaunlich gut erhalten (▸ S. 92).

9 Schloss Drottningholm
UNESCO-Weltkulturerbe und Wohnsitz des Königspaares (▸ S. 106).

10 Vaxholm
Die Kleinstadt und Schärenidylle ist mit dem Dampfer in knapp einer Stunde zu erreichen (▸ S. 108).

360° Grand Hôtel, Kungliga slottet

MERIAN TopTen

1 **Grand Hôtel**
Traditionsreichstes Hotel der Stadt. Wem die Zimmer zu teuer sind, kann sich zumindest einen Drink an der Bar gönnen (▸ S. 21).
Södra Blasieholmshamnen 8

3 **Kungliga slottet**
Das königliche Schloss hat 608 Zimmer. Zur Wachablösung versammeln sich hier mittags die Touristenscharen (▸ S. 62).
Slottsbacken 1

SEHENSWERTES

1 **Medelhavsmuseet**
Ägyptische Mumien und zyprische Tempelschätze sind in den prächtigen Räumlichkeiten einer Bank ausgestellt. Zu sehen ist hier u. a. die Sammlung König Gustafs VI. Adolf (▸ S.84).
Fredsgatan 2

2 **Medeltidsmuseet**
Die Stadtmauer des mittelalterlichen Stockholm, der nach dem Totenschädel modellierte Kopf des

Stadtgründers Birger Jarl sowie das Wrack eines spätmittelalterlichen Schiffs sind zu sehen (▶ S. 84).
Strömparterren

ESSEN UND TRINKEN

3 Koloni
Im Sommer der einzige friedliche Platz in der Altstadt. Seltsamerweise findet kaum jemand hierher. Man sitzt am Wasser und genießt Kaffee und Zimtschnecke (▶ S. 33).
Strömparterren

4 Stadmissionens Café
Die Backwaren sind erstklassig. Im lauschigen Innenhof lässt sich im Sommer das Mittelalter hautnah erleben (▶ S. 33).
Stortorget 3

EINKAUFEN

5 Kalikå
Traditionsreiches Spielwarengeschäft, spezialisiert, wie der Name verrät, auf Stofftiere und anderes klassisches Spielzeug (▶ S. 40).
Österlånggatan 18

© MERIAN-Kartographie

360° Gröna Lund, Skansen, Vasamuseet

MERIAN TopTen

⭐ Gröna Lund
Mit einem Åkband (wörtlich: Fahrband) um das Handgelenk Karussellfahren bis zum Abwinken. Es lohnt sich wegen des Ansturms, früh unterwegs zu sein (▸ S. 51). Djurgården

⭐ Skansen
Eines der schönsten Museen Stockholms ist das traditionsreiche Freilichtmuseum. Hier können Sie ganze Tage verbummeln und fin-

den auch in der Hauptsaison einen verschwiegenen Winkel (▸ S. 89). Djurgårdsslätten 49–51

⭐ Vasamuseet
Das Regalschiff Vasa wurde aus 20 000 Wrackteilen wieder zusammengesetzt (▸ S. 92). Galärvarvet, Djurgården

SEHENSWERTES

① ABBA-museet
Ein Muss für ABBA-Liebhaber aus aller Welt. Viele kommen aus

Australien, wo »ABBA The Movie«
gedreht wurde, der im Kino des
Museums gezeigt wird (▶ S. 77).
Djurgårdsvägen 68

2 **Junibacken**
   Das bislang einzige Astrid-
Lindgren-Museum der Hauptstadt
ist nach dem Schauplatz der Madi-
ta-Bücher, der auf Deutsch Birken-
lund heißt, benannt. Eine Bahn
führt an Modellen der Schauplätze
vorbei (▶ S. 51).
Galärparken

3 **Nordiska museet**
   Volkskundemuseum mit einer
großen Sammlung von Trachten
und Kleidungsstücken, ein Muss
für Modeinteressierte (▶ S.86).
Djurgårdsvägen 6–16

ESSEN UND TRINKEN
4 **Blå Porten**
   Im Sommer sitzt man im Frei-
en, im Winter hat man wegen der
großen Fenster trotzdem das Ge-
fühl, draußen zu sein (▶ S. 15).
Djurgårdsvägen 64

360° Långholmen

MERIAN TopTen

⭐ Långholmen

Idyllische Insel im Westen der Stadt. Im ehemaligen Gefängnis, in dem unter anderem Herbert Wehner und der Bestsellerautor Jan Guillou (beide wegen angeblicher geheimdienstlicher Tätigkeit) einsaßen, befinden sich heute ein Café und davor ein schöner Badestrand. Von den Stockholmern wird Långholmen heute vor allem als Bade- und Freizeitinsel geschätzt (▸ S. 65).

ESSEN UND TRINKEN

❶ Café Cinnamon

Hier ist alles selbst gebacken und die Zimtschnecken, nach denen das Café benannt ist, sind häufig noch warm. Zum Frühstück gibt es leckeres, hausgemachtes Müsli (▸ S. 32).
Verkstadgatan 9

❷ Hornhuset

Neues, beliebtes und schickes Restaurant im ehemaligen Arbeiterviertel, auf drei Etagen ist

für alle etwas geboten, im Sommer viele Tische im Freien (▸ S. 28).
Långholmsgatan 15 B

3 Indian Garden
Traditionsreiches indisches Lokal. Hier verkehren die Leute aus dem Viertel. Eine Reservierung ist ratsam (▸ S. 28).
Heleneborgsgatan 15 A

4 Lasse i Parken
Café und Restaurant mit einem großen Garten in einer ehe-

maligen Häuslerkate von etwa 1730, Idylle pur (▸ S. 33).
Högalidsgatan 56

AM ABEND

5 Bio Rio
Das einzige noch existierende Stadtteilkino in Stockholm wurde im Jahr 1943 eröffnet und ist (abgesehen von der Bestuhlung) weitgehend unverändert. Filme werden im Original mit Untertiteln gezeigt (▸ S. 46).
Hornstulls strand 3

DANSK   NORSK

HISS

8

MERIAN Tipps

Mit MERIAN mehr erleben. Tauchen Sie ein in das Leben der Stadt und entdecken Sie Stockholm, wie es nur Einheimische kennen.

⭐1 Långholmen Vandrarhem  A 6

Diese außergewöhnliche Jugendherberge ist in einem ehemaligen Gefängnis untergebracht. Im Sommer kann man auf dem Hof, auf dem früher die Häftlinge Hofgang hatten, Kaffee trinken. Direkt vor der Haustür liegt ein Badestrand.
Långholmen • Gamla Kronohäktet •
U-Bahn: Hornstull (c 4) •
Tel. 7 20 85 00 • www.langholmen.
com • 102 Zimmer • ♿ • €

⭐2 Gartenlokale

Die Stockholmer verbringen die lauen und langen Sommernächte am liebsten im Freien. Blå Porten, das schönste Gartenlokal der Stadt, liegt auf Djurgården im Innenhof von Liljevalchs konsthall (▶ S. 82). Gute Weine und eine

geglückte Mischung aus schwedischer und französischer Küche (Lachs, Sill, Quiche). Im grünen Innenhof des Centralbadparks (▸ S. 58) gibt es gleich drei Restaurants. Am schönsten sitzen Sie jedoch in dem, das zum Schwimmbad selbst gehört. Sehr idyllisch am Wasser speist man im Café beim Medeltidsmuseet (▸ S. 84).
– Blå Porten: Djurgårdsvägen 64 • Fähre von Slussen, alle Busse Richtung Skansen • www.blaporten.com
– Centralbadets Restaurant: Drottninggatan 88 oder Holländargatan 11 • U-Bahn: Hötorget (c 3)
– Medeltidsmuseet: Strömparterren • U-Bahn: Kungsträdgården (d 3)

Café Valand 📖 C 2

Dieses Café aus den 1950er-Jahren ist der Treffpunkt der Stockholmer Intellektuellen und steht mittlerweile unter Denkmalschutz. Es ist auch als Drehort von Kino- und Fernsehfilmen sehr beliebt. Hier trifft man sich morgens, liest Zeitung und trinkt gnadenlos starken Kaffee. Dazu gibt es deutschen Streuselkuchen mit Vanillesoße, Nussecken und Brot mit Ei und Anchovisfilets. 2014 feierte das Café sein 60-jähriges Bestehen. Gründerin Magdalena Åström steht immer noch in der Backstube und backt ihre wunderbaren Biskvi (Gebäck mit Schokobuttercreme).
Vasastaden • Surbrunnsgatan 48 • U-Bahn: Rådmansgatan (c 3) • Mo–Fr 8–19, Sa 10–17 Uhr, So 11–17 (Winter)

Hötorgshallen 📖 D 4

Im Herzen des Stadtteils Norrmalm, nur wenige Schritte vom Konzerthaus entfernt, finden Sie das lebhafte Treiben verschiedener Nationalitäten vor. Die Händler bieten Delikatessen aus aller Welt zum Teil lautstark feil. Cafés und Restaurants von Kebab über Sushi bis zum Fischrestaurant runden das Angebot ab.

Die Angestellten einer Filiale der staatlichen Spirituosenhandlung Systembolaget beraten einen kompetent bei der Wahl des passenden Weins zu den Einkäufen.
Norrmalm • U-Bahn: Hötorget (c 3) • www.hotorgshallen.se • Mo–Do 10–18, Fr 10–18.30, Sa 10–16 Uhr

Kaufhaus Nordiska Kompaniet (NK) 📖 D 4

Traditionsreich und nicht gerade preiswert, aber man findet hier fast alles, was das Herz begehrt. Auch schwedisches Kunsthandwerk (»Hemslöjd«). NK lässt keine Wünsche offen. Wer den Verlockungen im Innern widerstehen möchte, sollte zumindest einen Blick auf die herrliche Jugendstilfassade werfen. Im Untergeschoss befindet sich eines der wenigen

Lebensmittelgeschäfte in der Innenstadt Stockholms. Hier können Sie die klassischen schwedischen Pfefferkuchen (»pepparkakor«) in einer Blechdose oder Honig aus Drottningholm erstehen. Das ideale Mitbringsel.

Norrmalm • Hamngatan • U-Bahn: T-Centralen (c 3) • www.nk.se • Mo–Fr 10–20, Sa 10–18 und So 11–17 Uhr

6 Parkteatern

In den verschiedenen Parks Stockholms finden in den Sommermonaten (von Juni bis September) gratis zahlreiche Theatervorstellungen wie Kinder- und Tanztheater oder Musicals und Musikdarbietungen statt, beispielsweise im Vitabergsparken auf Södermalm. Genaue Termine sowie ein aktuelles Programm entnehmen Sie bitte den Tageszeitungen.

www.kulturhusetstadsteatern.se

7 Bergianska botaniska trädgården   nördl. C 1

Der Botanische Garten liegt umgeben von einer ständig zugänglichen Gartenanlage zwischen dem Naturhistoriska Riksmuseum und dem Brunnsviken.

Im tropischen Gewächshaus sind so exotische Sehenswürdigkeiten wie die riesige Seerose Victoria zu bewundern, deren Blätter einen Durchmesser von bis zu 2,5 m erreichen. Das mediterrane Gewächshaus beherbergt Akazien, Rhododendren und Eukalypten.

Frescati • www.bergianska.se • U-Bahn: Universitetet (d 3), Bus 40: Bergianska trädgården
– Park: tgl. 8–21 Uhr • Eintritt frei
– Gewächshaus: tgl. 11–17 Uhr • Eintritt 60 SEK

8 Stadsbiblioteket   C 3

Die Stadtbibliothek, eines der ersten Bauwerke des schwedi-

schen Funktionalismus von Erik Gunnar Asplund, wurde im Jahr 1927 fertiggestellt. Über einem quadratischen Block erhebt sich ein Zylinder, den man von unten durch eine gerade Treppe betritt (eine Fortsetzung der großen Freitreppe).

An den Wänden des Zylinders stehen die Bücherregale, in der Mitte können die Benutzer selbst an Automaten ausleihen. Deutschsprachige Literatur steht auf der ersten Empore. Hier stehen auch aus dem Schwedischen ins Deutsche übersetzte Romane, beispielsweise von Kerstin Ekman, P. O. Enquist, Henning Mankell und Helene Tursten.

Die Kinderbibliothek liegt im Sockelgeschoss, der gut sortierte Zeitungs- und Zeitschriftenlesesaal in einem Annex. Ein weiterer Annex beherbergt das Schwedische Kinderbuchinstitut (Svenska Barnboksinstitutet), die wichtigste Forschungseinrichtung zur Kinder- und Jugendliteratur in Schweden.
Vasastan • Sveavägen 71–73 • U-Bahn: Rådmansgatan (c 3) • www. sbi.kb.se • Mo–Do 9–21, Fr 9–19, Sa–So 12–16 Uhr, im Sommer eingeschränkte Öffnungszeiten

Strömholm und Anders Petersen zu sehen.
Södermalm • Stora Tullhuset, Stadsgårdshamnen 22 • U-Bahn: Slussen (c 4) • www.fotografiska.eu • tgl. 10–21 Uhr • Eintritt 120 SEK, Kinder frei

⭐ 9 Fotografiska 📖 E 6

Das am Kai Södermalms im ehemaligen Großen Zollhaus von 1906 untergebrachte und 2010 eröffnete private Museum hat sich der zeitgenössischen Fotografie verschrieben. Auf 2500 qm finden jährlich vier große und bis zu 20 kleinere Ausstellungen statt. Hier waren bereits die Werke von Anton Corbijn, Nick Brandt, Robert Mapplethorpe sowie Christer

⭐ 10 Vin- und Spritmuseum 📖 F 5

Das Museum befasst sich mit den berühmten schwedischen Spirituosen (Akvavit und Absolut Wodka) und wurde im Mai 2012 zwischen Vasamuseum und dem Annex des Sjöhistoriska museet, Båthall 2, neu eröffnet. Untergebracht ist es in zwei im 18. Jh. von Carl Hårleman erbauten Bootsschuppen (Galärskjul 16 und 17). Ausgestellt wird u. a. »The Absolut Art Collection«, die 800 Werke von berühmten Künstler wie Andy Warhol, Keith Haring, Damien Hirst und Louise Bourgeois umfasst.
Djurgården • Djurgårdsvägen 40 • Straßenbahn 7: Liljevalchs konsthall • www.spritmuseum.se • Juni–Aug. tgl. 10–18 (Di bis 20) Uhr, Sept.–Mai 10–17 (Di bis 20) Uhr • Eintritt 100 SEK

Die Stockholmer lieben es, bei beinahe jeder Witterung vor Kaffee-
häusern zu sitzen und das pulsierende Leben zu beobachten.

Zu Gast in **Stockholm**

Speisen in einem der vielen Gartenlokale, übernachten hinter schwedischen Gardinen, shoppen in der Sturegallerian oder feiern mit der Kronprinzessin.

Übernachten

Die vielfältigen Angebote an Übernachtungsmöglichkeiten beinhalten Luxushotels, historische Bauwerke, Apartments. Selbst auf Schiffen und in einem ehemaligen Gefängnis kann man nächtigen.

◄ Früher gab es noch mehr Gitter: Rezeption im Långholmen Vandrarhem (▸ MERIAN Tipp, S. 14).

Stockholm kann mit etwa 150 Hotels aufwarten, weitere 100 Hotels liegen in den umliegenden Gemeinden. Zu den bislang 17 000 Zimmern sollen in den nächsten Jahren noch einige hinzukommen: Allein 2014 wurden zwei große Hotels in zentraler Lage eröffnet, das HTL an der Kungsgatan und das Hotel Miss Clara (Sveavägen 48). Hotelpensionen und Hotels mit nur wenigen Zimmern sind rar. Zahlreiche größere Hotels haben sich im Interessenverband Destination Stockholm (www.destination-stockholm.com) zusammengeschlossen, der die »Stockholm à la Carte«-Card vertreibt. Von Anfang Juni bis Mitte August und das restliche Jahr an Wochenenden erhalten Sie, wenn Sie das Paket buchen, etwa 30 % Rabatt auf Hotelzimmer und zusätzlich die **Stockholm Card** (▸ S. 122), die man auch separat erwerben kann.

Preiswerte Wochenenden
In kleineren Hotels schließt die Rezeption oft um 22 Uhr. Aufgepasst: In Stockholm werden auch fensterlose Zimmer vermietet. Das ist zwar meist recht preiswert, aber nicht jedermanns Sache. An Wochenenden und im Sommer gewähren viele Hotels Rabatte.
In Schweden heißen die **Jugendherbergen** Wandererheime (»Vandrarhem«). Sie können auch von Erwachsenen ohne Kinder genutzt werden und haben einen sehr hohen Standard (www.svenskaturistforeningen.se, www.hihostels.com). Buchung von Hotels unter: www.stockholmtown.com.

Preise für ein Doppelzimmer mit Frühstück:
€€€€ ab 2500 SEK   €€€ ab 1800 SEK
€€ ab 1200 SEK   € bis 1200 SEK

HOTELS €€€€
⭐ **Grand Hôtel**   E 4
Bestes Frühstück der Stadt • In diesem Hotel, dem einzigen Fünf-Sterne-Hotel in Schweden, wohnt man mit Blick auf das Schloss. Es wurde 1874 eröffnet und trägt den Ehrentitel »königlicher Hoflieferant«. Vermutlich das beste Hotelfrühstück in ganz Schweden, das man auch als Nicht-Hotelgast genießen kann. Es kostet allerdings auch für Gäste extra (360 SEK).
Blasieholmen • Södra Blasieholmshamnen 8 • U-Bahn: Kungsträdgården (d 3) • Tel. 6 79 35 00 • www.grandhotel.se • 368 Zimmer • ♿ • €€€€

Hotel Diplomat   E 4
Jugendstilhotel • Eines der ältesten Hotels (1911) mit einer Top-Adresse. Das Hotelrestaurant T/Bar ist ein beliebter Szenetreff.
Östermalm • Strandvägen 7 C • U-Bahn: Östermalmstorg (d 3) • Tel. 4 59 68 00 • www.diplomathotel.com • 128 Zimmer • €€€€

Hotel Rival D 6
Wohnen bei ABBA • Benny Andersson (Mitglied von ABBA), einer der Besitzer, hat laut eigenem Bekunden in 1000 Hotels gewohnt, kann sich aber nur noch an zehn von ihnen erinnern. Dieses Hotel bleibt Ihnen schon des Preises wegen im Gedächtnis. Bar, Bistro und Café.
Södermalm • Mariatorget 3 • U-Bahn: Mariatorget (c 4) • Tel. 54 57 89 00 • www.rival.se • 99 Zimmer • €€€€

Wohnen bei ABBA im Hotel Rival (▶ S. 21) auf Södermalm bedeutet wohnen mit technischen Raffinessen wie Plasma-Bildschirm, CD-/DVD-Player, natürlich mit CDs.

HOTELS €€€

Birger Jarl  D 3

Hauch der neueren Geschichte • Früher von der Botschaft der DDR bevorzugt, wurde das Haus vor einigen Jahren zum stilvollen Designhotel umgebaut.
Vasastaden • Tulegatan 8 • U-Bahn: Rådmansgatan (c 3), Bus 2: Tegnérgatan • Tel. 6 74 18 00 • www.birgerjarl.se • 235 Zimmer • €€€

⭐ MERIAN Tipp

LÅNGHOLMEN VANDRARHEM
A 6

Diese außergewöhnliche Jugendherberge ist in einem ehemaligen Gefängnis untergebracht. Im Sommer kann man auf dem Hof, auf dem früher die Häftlinge Hofgang hatten, Kaffee trinken. Vor der Haustür liegt ein Badestrand.   ▶ S. 14

First Hotel Reisen   E 5

Blick auf Skeppsholmen • Besticht durch eine traumhafte Lage in der Altstadt. Die Zimmer mit Aussicht sind etwas teurer. Mit Pool und Spa in einem mittelalterlichen Gewölbekeller. Dazu ein gutes Restaurant mit schwedischen und französischen Spezialitäten.
Gamla Stan • Skeppsbron 12–14 • U-Bahn: Gamla Stan (c 4) • Tel. 22 32 60 • www.firsthotels.com • 144 Zimmer • €€€

Hotel Anglais   E 3

Im Nachtklubviertel • Das nur einige Schritte vom Stureplan entfernte Hotel liegt in einer ruhigen Seitenstraße direkt bei der Königlichen Bibliothek am Humlegården.
Östermalm • Humlegårdsgatan 23 • U-Bahn: Östermalmstorg (d 3) • Tel. 517 34 0 00 • www.scandichotels.com • 212 Zimmer • €€€

Hotel Esplanade   E 4

Außerordentlich gediegen • Eines der »klassischen« Hotels, dessen Einrichtung noch den Geist der vorletzten Jahrhundertwende atmet. Östermalm • Strandvägen 7 A • U-Bahn: Östermalmstorg (d 3) • Tel. 6 63 07 40 • www.hotelesplanade. se • 34 Zimmer • €€€

Hotel Hellsten   D 3

Altbauflair • Das charmante, ruhig gelegene Hotel besticht durch seine individuell eingerichteten Zimmer. Vasastaden • Luntmakargatan 68 • U-Bahn: Rådmansgatan (c 3) • Tel. 6 61 86 00 • www.hellsten.se • 78 Zimmer • €€€

HOTELS €€

Columbus Hotell   E 6

Im trendigen Södermalm • Lauschiges Hotel in denkmalgeschütztem Gebäude mit einem im Sommer herrlich grünen Innenhof. Södermalm • Tjärhovsgatan 11 • U-Bahn: Medborgarplatsen (c 4) • Tel. 50 31 12 00 • www.columbus hotell.se • 40 Zimmer • €€

Ersta Konferens & Hotell   F 6

Am Ende der Fjällgatan • Kleines, gemütliches Hotel mit einer Gästeküche auf jedem Stockwerk. Im Sommer können Sie auch im Garten frühstücken. Södermalm • Erstagatan 1 K • Bus 53 o. 2: Ersta Sjukhus • Tel. 7 14 63 41 • www.erstadiakoni.se/ hotell • 22 Zimmer • €€

Hotel Tegnérlunden   C 3

Ruhig und zentral • Einige Zimmer bieten Ausblick auf das Strindberg-Denkmal, der Frühstücksraum eine tolle Aussicht über die Stadt.

Vasastaden • Tegnérlunden 8 • U-Bahn: Rådmansgatan (c 3) • Tel. 54 54 55 50 • www.hoteltegner lunden.se • 103 Zimmer • ♿ • €€

Mälardrottningen   D 4

Wohnen wie die Millionärin • Das Hotel befindet sich auf einer Luxusjacht. Als Besonderheit gibt es hier Stockbetten. Riddarholmen • U-Bahn: Gamla Stan (c 4) • Tel. 08-12 09 00 00 • www.ma lardrottningen.se • 59 Zimmer • €€

HOTELS €

Drottning Victorias Örlogshem   E 4

Traditionsreich • Das kleine Hotel, 1908 gegründet, war ursprünglich Angehörigen der Marine vorbehalten. Blasieholmen • Teatergatan 3 • U-Bahn: Kungsträdgården (d 3) • Tel. 6 11 01 13 • www.orlogshemmet.com • 45 Zimmer • €

JUGENDHERBERGEN/VANDRARHEM

af Chapman   E 5

Ein Klassiker • Charmante Kajüten auf einem alten Segelschiff. Die schwimmende Jugendherberge ist beliebt. Unbedingt früh reservieren! Skeppsholmen • U-Bahn: Kungsträdgården (d 3) • Tel. 4 63 22 66 • www. stfchapman.com • 240 Betten • ♿ • €

Foto Tipp

AF CHAPMAN

Die af Chapman ist ein beliebtes Fotomotiv. Von der Westseite Skeppsholmens bekommt man auch die Gamla Stan gut ins Bild. Im Dezember steht auf der Skeppsbron ein riesiger bunt beleuchteter Weihnachtsbaum. ▶ S. 23

Essen und Trinken

Frischer oder eingelegter Fisch und allerlei Meeresgetier stehen ganz oben auf der Hitliste schwedischer Köche, die aber auch Wild, bevorzugt mit Preiselbeeren, zubereiten.

◄ Stockholm ist bekannt für seine hervorragenden Fischrestaurants wie das Wedholms Fisk (▶ S. 26).

Die typisch schwedische Küche lernen Sie vermutlich am besten kennen, wenn Sie an einem Wochentag mittags in einem der vielen Lunchrestaurants das »dagens ratt« (Gericht des Tages) bestellen. Auf der Speisekarte steht dann meist schwedische Hausmannskost wie »laxpudding« (Kartoffelauflauf mit Lachs) oder »stekt strömming med mos« (gebratener Ostseehering mit Kartoffelpüree).

Am Donnerstag isst jeder gute Schwede traditionell »ärtsoppa och pannkakor« (Erbsensuppe und anschließend Pfannkuchen mit Konfitüre). Erfreulicherweise ist es üblich, dass beim Mittagessen ein Getränk, auch das alkoholarme »lättöl« (Leichtbier), sowie Brot, Butter und der obligatorische Kaffee nach dem Essen im Preis enthalten sind. Im Café ist die zweite Tasse (»påtår«: salopp übersetzt »die Träne drauf«) häufig gratis.

Smörgåsbord

Einen besonderen Platz nehmen in der schwedischen Küche Fisch und Wild ein. Klassiker sind »Janssons frestelse« (Janssons Versuchung – ein Fischgratin mit Anchovis), Lachspudding und Elchbraten. Auch Rentiere kommen geschnetzelt oder geschabt (»renskav«) auf den Tisch, meist in einer weißen Soße und unbedingt mit Preiselbeeren. Nur im Grand Hôtel können Sie fast das ganze Jahr über das berühmte schwedische »Smörgåsbord« probieren (reservieren!). Auf dem Buffet: Suppe (Gemüse oder Krabben), eingelegter Hering (»sill«), Kaltes (»kallskuret«), z. B. Roastbeef in Scheiben, das kleine Warme wie die berühmten schwedischen Hackfleischbällchen »köttbullar« und Dessert oder Käse. Dazu gibt es Bier und Aquavit.

Krebse und Trinklieder

Feste erfreuen sich ebenfalls großer Beliebtheit in Schweden: Im August findet das »Surströmmingsfest« statt, bei dem es diese nordschwedische Spezialität (vergorener Hering, der sich hauptsächlich durch seinen durchdringenden Geruch auszeichnet) gibt. Etwas früher wird das »Kräftfest« gefeiert, bei dem vorzugsweise selbst gefangene Krebse in Dilllake verspeist werden. Obligatorisch sind das Tragen eines Papierhütchens und – mit jedem Schnaps – das Singen von Trinkliedern.

Eine weitere schwedische Tradition ist das »Julbord«, das Weihnachtsbuffet, das die meisten Restaurants anbieten: Hier dürfen verschiedene Sorten »sill«, also der beliebte Hering, Schweinebraten mit Kruste, »Janssons frestelse« und »lutfisk« (Fisch, der in einer Lauge gelagert wurde) nicht fehlen.

Bessere Restaurants sind normalerweise zwischen 12 und 15 sowie 18 und 23 Uhr geöffnet. Tischreservierung ist anzuraten. Kreditkarten sind weit verbreitet. In Restaurants und Cafés ist Rauchen verboten. Viele Luxusrestaurants haben im Juli und zwischen Weihnachten und Silvester geschlossen.

Preise für ein dreigängiges Menü:

€€€€ ab 280 SEK	€€€ ab 220 SEK
€€ ab 150 SEK	€ bis 150 SEK

AMERIKANISCH
Hard Rock Café   C 3
Mit T-Shirt-Verkauf • Wenn es schon ein Hamburger sein muss, dann dort, wo sie am besten sind. Im Sommer Tische im Freien.
Vasastaden • Sveavägen 75 • U-Bahn: Odenplan (c3) • Tel. 54 54 94 00 • www.hardrock.com • Mo–Do 11.30–24, Fr 11.30–1, Sa 12–1, So 12–24 Uhr • €€

ASIATISCH
Berns Asiatiska   E 4
Traditionsreich und trendig • Strindbergs berühmtester Roman, »Das rote Zimmer«, spielt in diesem Restaurant. Mehrere Bars und eine beheizte Terrasse, Tanzfläche unter einem riesigen Kronleuchter.
Östermalm • Berzelii Park • U-Bahn: Kungsträdgården (d3) • Tel. 56 63 22 00 • www.berns.se • So–Do 11.30–1, Fr–Sa 11.30–3 Uhr • €€€

Lao Wai   D 3
Garantiert glutamatfrei • Hier kommen auch Veganer auf ihre Kosten. Laut »Dagens Nyheter« das beste vegetarische Restaurant der Stadt.
Vasastaden • Luntmakargatan 74 • U-Bahn: Rådmansgatan (c3) • Tel. 6 73 78 00 • www.laowai.se • Mo–Fr 11–14, Di–Sa 17.30–22 Uhr • €€

BAYERISCH
Zum Franziskaner   E 5
Bodenständig • Das Franziskaner ist neben dem Löwenbräu auf Kungsholmen das einzige Lokal mit einer deutschen Speisekarte.
Gamla Stan • Skeppsbron 44 • U-Bahn: Gamla Stan (c4) • Tel. 4 11 83 30 • www.zumfranziskaner.se • Mo–Fr 11–1, Sa 12–1 Uhr • €€€€

FISCH
Wedholms Fisk   E 4
Bestes Fischlokal • Der Gründer des Restaurants hatte den Grundsatz: »Nur das Beste ist gut genug«. Das gilt bis heute. Erstklassige Weinkarte.
Östermalm • Nybrokajen 17 • U-Bahn: Kungsträdgården (d3) • Tel. 6 11 78 74 • www.wedholmsfisk.se • Mo 11.30–14 und 18–23, Di–Fr 11.30–23, Sa 17–23 Uhr • €€€€

Stockholm Fisk Restaurant   D 4
Fangfrisch • Lieblingsrestaurant der Krimiautorin Helene Tursten. Gehört zum Radisson Blue Royal Viking Hotel. Exzellenter Fisch.
Norrmalm • Vasagatan 1 • U-Bahn: T-Centralen (c3) • Tel. 58 00 17 30 • www.stockholmfisk.se • Mo–Fr 11–23, Sa 16–23, So 16–22 Uhr • €€€

Kajsas Fisk   D 4
Immer gut besucht • Vermutlich preiswertestes Fischrestaurant der Stadt (Selbstbedienung). Empfehlenswerte Fish 'n' Chips.
Norrmalm • Hötorgshallen 3–6 • U-Bahn: Hötorget (c3) • Tel. 20 72 62 • www.hotorgshallen.se • Mo–Do 11–18, Fr 11–18.30, Sa 11–16 Uhr • €

Tysta Mari   E 4
Angenehmes Ambiente • Sehr günstiges Fischrestaurant in der Östermalms Saluhall. Vor allem die Fischsuppe wird hoch gelobt.
Östermalm • Östermalmstorg • U-Bahn: Östermalmstorg (d3) • Tel. 6 62 60 36 • www.ostermalmshallen.se • Mo–Do 9.30–18, Fr 9.30–19, Sa 9.30–16 Uhr • €

FRANZÖSISCH
Edsbacka Wärdshus   A 1
Schöne Räumlichkeiten • Durch die Wirtschaftskrise verlor Stockholm

Restaurantleiter Carl Frosterud im Weinkeller des Operakällaren (▸ S. 28), das französische Küche mit italienischen und schwedischen Elementen kombiniert.

das Zwei-Sterne-Restaurant Edsbacka Krog. Bestehen blieb das Bistro, in dem man auch ausgezeichnet isst. Sollentuna • Sollentunavägen 220 • E 4 nach Arlanda/Uppsala, Abfahrt Sollentuna, Pendeltåg: Häggvik • Tel. 580 016 60 • www.edsbacka.nu • Mo–Fr 11–22, Sa 12.30–23 und So 12.30–22 Uhr • €€€€

Gondolen E 6

Meisterkoch Erik Lallerstedt • Tolle Aussicht und exquisite Küche. Im Sommer Grill auf der Dachterrasse. Södermalm • Stadsgården 6 • U-Bahn: Slussen (c 4) • Tel. 6 417 0 90 • www. eriks.se • Mo 11.30–23, Di–Fr 11.30–1, Sa 16–1 Uhr (14.30–17 Uhr nur Bar) • €€€€

Grand Hôtel E 4

Beste Adresse der Innenstadt • Das Grand Buffet mit den vielen Meeresfrüchten auf der Veranda gilt als eines der besten der Stadt. Wunderbarer Blick auf die Schärenboote und Gamla Stan mit dem Schloss. Erstklassiges Frühstücksbuffet. Blasieholmen/Norrmalm • Södra Blasieholmshamnen 8 • U-Bahn: Kungsträdgården (d 3) • Tel. 6 79 35 86 • www.grandhotel.se • Mo–Sa 7–23 Uhr • €€€€

Proviant E 3

Gemütliche Atmosphäre • Schwedische Rohwaren der Luxusklasse werden in diesem schicken Lokal zu französischen Spezialitäten verarbeitet. Je nach Jahreszeit gibt es beispielsweise im November zum Mårtensafton (Martinsabend, am 11.) Gans. Ein Lebensmittelgeschäft ist dem Restaurant angeschlossen. Östermalm • Sturegatan 19 • U-Bahn: Stadion (d 3) • Tel. 22 60 50 • www. proviant.se • Mo–Fr 11.30–15 und 17–24, Sa 18–24, So 17–22 Uhr • €€€

Operakällaren   D 4

Elegant • Stockholms vornehmstes Restaurant. Der Chefkoch Stefano Catenacci ist auch für Bankette im Schloss zuständig.
Norrmalm • Operahuset, Karl XII: S torg • U-Bahn: Kungsträdgården (d 3) • Tel. 6 76 58 00 • www.operakallaren. se • Di–Sa 18–22 Uhr • €€€€

Cassi   F 3

Authentisch • Hier wird französische Hausmannskost serviert.
Östermalm • Narvavägen 30 • U-Bahn: Karlaplan (d 3) • Tel. 6 617 461 • www.cassi.se • Mo–Fr 10.45–20, Sa 13–20 Uhr • €€

INDISCH
Indian Garden   B 6

Nur Biogemüse • Das beste indische Restaurant der Stadt, das vielfach mit dem Gulddrake (Golddrachen), der höchsten Auszeichnung der Tageszeitung »Dagens Nyheter«, belohnt wurde. Leider sitzt man beengt.
Södermalm • Heleneborgsgatan 15 A • U-Bahn: Hornstull (c 4) • www.indian garden.nu • Tel. 84 94 98 • Mo–Do 16–22, Fr 16–24, Sa 13–24, So 13–22 • €€

INTERNATIONAL
Kungshallen   D 4

Viel Betrieb • In den Kungshallen gibt es 14 Restaurants: Jeder holt sich, was ihm schmeckt.
Norrmalm • Kungsgatan 44 • U-Bahn: Hötorget (c 3) • Mo–Fr 9–23, Sa 11–23, So 12–23 Uhr • €

Matmekka   H 4

Chefköchin Carola Magnusson • Eine Runde im Völkerkundemuseum (▶ Etnografiska museet, S. 80) weckt Appetit auf kulinarische Reisen. Das Museumsrestaurant Matmekka be-

reitet Gerichte aus aller Welt vornehmlich aus biologischen und lokal produzierten Lebensmitteln zu.
Ladursgårsgårdet • Djurgårdsbrunnsvägen 34 • Bus 69: Museiparken • www.etnografiskamuseet.se • Mo 11–14, Di 11–17, Mi 11–20, Do–So 11–17 Uhr • €€

ITALIENISCH
D.O.C.   D 3

Nobelitaliener • Das Essen schmeckt hier, wie der Name schon sagt, göttlich. Schickes Ambiente.
Östermalm • Karlavägen 28 • U-Bahn: Tekniska Högskolan (d 3) • Tel. 6 110 269 • www.divino.se • Mo–Sa 18–23 Uhr • €€€€

Hornhuset   B 6

Mehrere Etagen • Im Erdgeschoss Tapas, im ersten Stock klassische italienische Küche, im zweiten Pizza und Pasta. Hornhuset ist ein Wortspiel: Hörnhuset heißt Eckhaus.
Södermalm • Långholmsgatan 15 B • U-Bahn: Hornstull (c 4), Bus 4: Hornstull • www.hornhuset.se • Mo–Di 11–24, Mi–Do 11–1, Fr 11–3, Sa 12–3 u. So 12–24 Uhr • €€

Undici   E 3

Crossover • Hier werden Rohwaren aus Norrland zu feinen italienischen Gerichten verarbeitet.
Östermalm • Grev Turegatan 30 • U-Bahn: Östermalmstorg (d 3) • Tel. 6 616 617 • www.undici.se • Di–Do 17–24, Fr, Sa 18–2 Uhr • €€€€

SCHWEDISCH
Browallshof   D 2

Intim • Eines der ältesten Gasthäuser der Stadt, es wurde 1731 gegründet.
Vasastaden • Surbrunnsgatan 20 • U-Bahn: Tekniska högskolan (d 3) •

Tel. 16 51 36 • Mo–Fr 11.30–23.30, Sa 12–24, So 12–22 Uhr • €€€

Den Gyldene Freden 🟥 E 5

Hier speiste schon Bellman • Traditionsreiches Lokal (seit 1722). Der Maler Anders Zorn schenkte das Restaurant der Schwedischen Akademie, um es vor dem Abriss zu bewahren. Schwedische Hausmannskost in der Luxusvariante.
Gamla Stan • Österlånggatan 51 • U-Bahn: Gamla Stan (c 4) • Tel. 24 97 60 • www.gyldenefreden.se • Mo–Fr 11.30–14.30, Mo, Mi 17–22, Do, Fr 17–23, Sa 13–23 Uhr • €€€€

Eriks bakficka 🟥 F 4

Schwedische Gourmetküche • Dieses Restaurant gehört dem berühmtesten Stockholmer Koch Erik Lallerstedt. Bakficka (Gesäßtasche) ist der Name für eine Dependance. Das Hauptlokal ist das hervorragende Gondolen (▶ S. 27).
Östermalm • Fredrikshovsgatan 4 (neben der Oscars kyrka) • U-Bahn: Karlaplan (d 3) • Tel. 6 60 15 99 • www.eriks.se • Mo–Fr 11.30–15, Mo–Mi 17–23, Do–Sa 17–23.30 Uhr • €€€

Godthem 🟥 F 5

Im Grünen • Erstes Lokal hinter der Brücke auf der Insel Djurgården. Der Klassiker: Rinderfilet, auf einem Eichenbrett serviert, eingebettet in Kartoffelbrei und Sauce béarnaise.
Djurgården • Rosendalsvägen 9 • Straßenbahn 7: Hazeliusporten • Tel. 6 61 07 22 • www.villagodthem.se • Mo 11.30–22, Di–Fr 11.30–23, Sa 12–23, So 12–22 Uhr • €€€

KB Restaurant 🟥 E 4

Zeitreise • Traditionsreiches Restaurant im Künstlerhaus. Hübsche Bar

⭐ MERIAN Tipp

GARTENLOKALE

Die Stockholmer verbringen die langen Sommernächte am liebsten im Freien. Blå Porten, das schönste Gartenlokal der Stadt, liegt auf Djurgården im Innenhof von Liljevalchs konsthall (▶ S. 82). ▶ S. 14

mit Wandgemälden aus den 1920er-Jahren.
Östermalm • Smålandsgatan 7 • U-Bahn: Östermalmstorg (d 3) • Tel. 6 79 60 32 • www.konstnarsbaren.se • Mo–Fr 11.30–0.30, Sa 13–0.30 Uhr • €€€

Kalori 🟥 D 4

Gesund • Preiswert, kalorienbewusst und nach dem glykämischen Index (GI) zu Mittag essen.
Norrmalm • Malmskillnadsgatan 50 • U-Bahn: T-Centralen (c 3) • www.kalori.se • Mo–Do 11–15, Fr 11–14 Uhr • €

🌱 Nyagatan 🟥 südl F 6

Interessante Weinkarte • Biorestaurant im trendigen Södermalm. Das Menü wechselt mit den Jahreszeiten, das meiste wurde im Umland produziert. Es gibt Wildschwein und wunderbaren gebeizten Lachs.
Södermalm • Skånegatan 84 • U-Bahn: Medborgarplatsen (c 4) • Tel. 6 44 48 84 • www.nyagatan.se • Di–Do 17–23, Fr, Sa 17–1 Uhr • €€

Och himlen därtill & Imperiet 🟥 E 6

Beste Aussicht • Im obersten Stockwerk eines Hochhauses befinden sich eine Bar und ein Nobelrestaurant. Im Herbst gibt es Desserts aus

Ein wichtiges Ritual der Schweden ist »fika«, die Kaffeepause. Neben Hefeschnecken findet man in den Cafés ein reichhaltiges Angebot an köstlichen Torten.

Himbeere und Multebeere (Moosbeere).
Södermalm • Götgatan 78 • U-Bahn: Medborgarplatsen (c 4) • Tel. 6 60 60 68 • www.restauranghimlen.se • Mo 11.30–24, Di–Do 11.30–1, Fr 11.30–3, Sa 12–3 Uhr • €€€€

Östra Station Järnvägsrestaurang

 D 2

Schwedische Hausmannskost • Klassisches Bahnhofsrestaurant, das seit 1935 existiert und gerne von Architekten aufgesucht wird.
Östermalm • Valhallavägen 77 • U-Bahn: Tekniska högskolan (d 3) • Tel. 6 12 00 14 • www.hotorgs hallen.se • tgl. 8–22 Uhr • €€

Prinsen

 E 4

Kunst an den Wänden • Künstlerlokal mit schwedischer und französischer Küche. Steaks vom Holzbrett.

Östermalm • Mäster Samuelsgatan 4 • U-Bahn: Östermalmstorg (d 3) • Tel. 6 11 13 31 • www.restaurangprinsen.se • Mo–Fr 11.30–23.30, Sa 12–23.30, So 13–23.30 Uhr • €€€

Reisen

 E 5

Traumhafte Aussicht • Ein hervorragender Blick über den Strömkaj entschädigt für die hohen Preise. Empfehlenswert sind der Rentierbraten und das Tatar vom gebeizten Lachs. Sonntags gibt es nur eine kleine Karte.
Gamla Stan • Skeppsbron 12–14 • U-Bahn: Gamla Stan (c 4) • Tel. 22 32 60 • www.firsthotels.com • So–Do 16–24, Fr, Sa 16–1 Uhr • €€€

Rolfs Kök

 C 3

Stockholmer Klassiker • Ein intimes Lokal, das vor allem für seine Inneneinrichtung gerühmt wird.

Die offene Küche dominiert den Raum. Sehr gut ist allerdings auch die schwedische Küche mit Pfiff. Norrmalm • Tegnérgatan 41 • U-Bahn: Rådmansgatan (c 3) • Tel. 10 16 96 • Mo–Fr 11–1, Sa–So 17–1 Uhr • €€€

Stadshuskällaren C 5

Tafeln wie Nobelpreisträger • Der Ratskeller gehört zu den elegantesten und teuersten Lokalen Stockholms. Kungsholmen • Stadshuset, Kungsholmen • U-Bahn: T-Centralen (c 3) • Tel. 58 62 18 30 • www.stadshus kallarensthlm.se • Mo 11.30–14.30, Di–Fr 11.30–14.30, 17–23, Sa 17–23 Uhr • €€€

Storstad D 2

Trendig • Häufig wechselnde Karte (nach Jahreszeit). Im Herbst gibt es beispielsweise Pfifferlingsuppe mit Felchenrogensahne und Toast oder Rehbraten mit Herbstpilzen. Vasastaden • Odengatan 41 • U-Bahn: Rådmansgatan (c 3) • Tel. 6 73 38 00 • www.storstad.se • Mo 16–24, Di–Do 16-1, Fr, Sa 16–3 Uhr • €€€€

VEGETARISCH

🌿 Hermans Vegetariska Restaurang E 6

Vegetarisch essen • Eine der schönsten Aussichten in Stockholm. Täglich wechselndes vegetarisches Buffet (mittags und abends), etwa mit mexikanischer Enchilada-Lasagne oder indischem Urad-Dal-Eintopf. Jeden Mittwochmittag veganes Buffet. Södermalm • Fjällgatan 23 B • U-Bahn: Slussen (c 4) • Tel. 6 43 94 80 • www.hermans.se • tgl. 11–21 Uhr • €€

🌿 Seyhmus vegetariska B 6

Vegetarisches Buffet • Nur Bioware, Gerichte für Veganer, eigene Bäckerei.

Södermalm • Varvsgatan 29 • U-Bahn: Hornstull (c 4) • Tel. 6 58 55 55 • www.seyhmus.nu • Mo–Fr 10–19, Sa, So 10–18 Uhr • €€

KORVKIOSK (WURSTBUDEN)

»Korv med mos och bostongurka«, Wurst mit Kartoffelbrei und Pickles aus Essiggurken, ist ein schwedischer Klassiker. Eine andere Spezialität ist die »tunnbrödsrulle« (Wurst mit Kartoffelbrei in Fladenbrot). Einige der Buden, die auch unter dem Namen »Gatukök« (Straßenküche) laufen, sind rund um die Uhr geöffnet.

Günthers Korv B 3

Am Ende des Karlbergsvägen • Die Schweden lieben ihre Wurstbuden. Eine der besten versteckt sich am Karlbergsvägen. Zentraler Schauplatz in Leif Perssons Krimi »Der sterbende Detektiv«. Vasastaden • Karlbergsvägen 66 • U-Bahn: St. Eriksplan (c 3) • Mo–Do 11–20, Fr 11–18, Sa 11–17 Uhr

NK Korv D 4

Alle schwedischen Wurstklassiker • Das Nobelwarenhaus hat auch die beste Wurst mit Kartoffelbrei! Norrmalm • Hamngatan, Ecke Regeringsgatan • U-Bahn: T-Centralen (c 3) • Mo–Fr 10–20, Sa 10–18, So 12–17 Uhr

📷 FotoTipp

HERMANS VEGETARISKA

Im Garten des Lokals Hermans Vegetariska und überall auf der Fjällgatan liegt Ihnen Stockholm zu Füßen, die Gamla Stan mit ihren Türmen, Skeppsholmen mit seinen Museen und Djurgården mit dem Freilichtmuseum Skansen. ▶ S. 31

CAFÉS

Café Cinnamon   B 6

Hausgemachtes Müsli • Hier ist alles selbst gebacken. Im Sommer gibt es Tische im Freien.
Södermalm • Verkstadsgatan 9 • U-Bahn: Hornstull (c 4)

Café Piccolino   D 4

Markthallengewimmel • Die knackigsten Salate, die besten Pizzaecken und einen besonders leckeren Kardemummakaka (Kardamomkuchen) gibt es hier.

Norrmalm • In der Markthalle Hötorgshallen • U-Bahn: Hötorget (c 3) • Mo–Fr 10–18, Sa 10–15 Uhr

Café Saturnus   D 3

Riesige Zimtschnecken • Hier verkehrt die Kronprinzessin.
Östermalm • Eriksbergsgatan 6 • U-Bahn: Östermalmstorg (d 3) • Mo–Fr 8–20, Sa, So 9–19

Café Vasaslätten   B 1

Idylle im Grünen • Mitten im Hagapark gelegen. Stockholms schönstes

Das Café Vete-Katten (▶ S. 33), zentral in Norrmalm gelegen, bietet neben Frühstücksbuffet und Nachmittagstee auch gute schwedische Hausmannskost.

Sommercafé, nur im Sommer bei Sonne geöffnet. Spezialität: »hagabulle« (Kardamom-Nuss-Schnecken). Haga • Bus 59: Haga Forum, Bus 515: Haga Norra Grindar • tgl. 11–17 Uhr

Citykonditoriet D 3
Sehr zentral • Dieses Café befindet sich in den prachtvollen neubarocken Räumen einer freikirchlichen Gemeinde. Bei schönem Wetter kann man auf dem Balkon sitzen. Preiswerte Küche in bester Lage.
Norrmalm • Adolf Fredriks Kyrkogata 10 • U-Bahn: Hötorget (c 3) • www.citykonditoriet.com • Mo–Sa 10–18 Uhr

Koloni D 5
Alles bio • Hier können Sie sich dem Altstadttrubel entziehen, seltsamerweise findet kaum jemand hierher. Erstklassige Backwaren und belegte Brote, kleine Gerichte.
Strömparterren, Norrbro • U-Bahn: Kungsträdgården (d 3) • www.koloni.se • nur im Sommer (Mai bis Sept.)

Lasse i Parken B 6
Die Seele baumeln lassen • Sommercafé in einem historischen Holzhaus am südlichen Ende der Västerbro (Brücke). Leichte Mittagsküche.
Södermalm • Högalidsgatan 56 • U-Bahn: Hornstull (c 4) • www.lasseiparken.se • So–Do 11–20, Fr, Sa 11–17 Uhr

Nybergs Konditori C 3
Gutes Gebäck • Hier gibt es alle Variationen der Zimtschnecken: mit Kardamom, mit Zucker und Butter, mit Mandeln (»Tosca-Bulle«).
Vasastaden • Norrtullsgatan 25 (Ecke Kungstensgatan) • U-Bahn: Odenplan (c 3) • Mo–Fr 7.30–19, Sa, So 10–17 Uhr

 MERIAN Tipp

CAFÉ VALAND C 2
Der Treffpunkt der Stockholmer Intellektuellen. Hier trifft man sich morgens, liest Zeitung und trinkt gnadenlos starken Kaffee. Dazu gibt es deutschen Streuselkuchen.
► S. 15

Sosta Espresso Bar D 2
Mit stilechten Baristas • Hier treffen sich die Kreativen von Verlag und Werbung zum Espresso.
Vasastaden • Sveavägen 84 • U-Bahn: Rådmansgatan (c 3) • www.sosta.com • Mo–Fr 8–18, Sa 10–17 Uhr

Stadmissionens Café E 5
Atmosphärisch • Café mit eigener Bäckerei, an Wochentagen gibt es ein großes Salatbuffet. Terrasse im Innenhof.
Gamla Stan • Stortorget 3 • U-Bahn: Gamla Stan (c 4) • www.stadsmissionen.se/Matochkonferens/Cafe--Lunch/ • Mo–Fr 10–18

Stockholms roddförening J 4
Idyllische Lage • Café des Stockholmer Rudervereins direkt am Kanal des Djurgårdsbrunnsviken. Das Boots- und Klubhaus wurde im Jahr 1913 erbaut.
Djurgården • Lidovägen 22 • Bus 69: Djurgårdsbrunn (200 m stadteinwärts dem Kanal folgen) • nur bei gutem Wetter geöffnet

Vete-Katten D 4
Spitzendeckchen und Plüsch • Jugendstilcafé mit schwedischer Hausmannskost. Besuchenswert!
Norrmalm • Kungsgatan 55 • U-Bahn: T-Centralen (c 3) • Mo–Fr 7.30–20, Sa 9.30–17, So 12–17 Uhr

Einkaufen

In Stockholms unterschiedlichen Einkaufsgegenden gibt es
Angelbedarf für Sportsfreunde, edle Designerboutiquen für
die Dame, praktische Kinderkleidung, trendigen Schnick-
schnack oder edlen Schmuck.

◄ Die Sturegallerian (► S. 40) am Stureplan ist eine von Stockholms exklusivsten Einkaufspassagen.

Ein Stockholmer Einkaufsbummel beginnt am Sergels torg. Ein Spaziergang entlang der Drottninggatan in nördlicher Richtung führt an Geschäften für Mode, Schuhe, Stoffe und Geschenke vorbei. Das südliche Ende der Drottninggatan bis zum Reichstag wird immer mehr von Ramschläden gesäumt.

Kleine Altstadtläden

Von hier aus sind es jedoch nur noch wenige Schritte in die Altstadt, wo Sie, wenn Sie die touristische Västerlånggatan verlassen, viele interessante kleine Läden entdecken können: Kunsthandwerk aus Lappland in der Svartmangatan, Töpferware sowie Leinenkleidung in der Österlånggatan und Schmuck in der Köpmangatan.

Für den luxuriösen Einkauf empfiehlt sich die Route Hamngatan mit dem Nobelkaufhaus NK, die Biblioteksgatan oder die schräg zu dieser verlaufende Birger Jarlsgatan zwischen Stureplan und Nybroplan.

Wer weitab vom Touristenstrom einkaufen möchte, sollte sich in die Hantverkargatan auf Kungsholmen, die Götgatan (den Abschnitt zwischen Slussen und Medborgarplatsen) oder die Folkungagatan auf Södermalm begeben. In diesen ehemaligen Arbeitervierteln Stockholms lässt sich preiswert einkaufen.

Alle Warenhäuser in der Innenstadt sind von Montag bis Freitag jeweils von 10 bis 20, am Samstag von 10 bis 18 und am Sonntag von 11 bis 17 Uhr geöffnet, Lebensmittelläden sogar täglich bis 21 Uhr.

ALKOHOL

Systembolaget

Der schwedische Staat hält das Monopol auf den Verkauf von Bier, Wein und Spirituosen. Das bedeutet, dass Sie nach 18 Uhr, Samstag ab 15 Uhr und sonntags auf dem Trockenen sitzen (und wenn Sie unter 20 Jahre sind sowieso). Mittlerweile haben fast alle Geschäfte auf Selbstbedienung umgestellt: Die früher berüchtigten Wartezeiten entfallen. www.systembolaget.se

ANGELBEDARF

Lundgrens Fiskredskapsfabrik
 D 5

In diesem Laden bleiben keine Wünsche von Anglern offen.
Gamla Stan • Storkyrkobrinken 12 • U-Bahn: Gamla Stan (c 4) • www.lundgrensfiske.com

ANTIQUARIATE

Alfa D 4

Zentral gelegen. Große Auswahl an deutschen und englischen Büchern.
Norrmalm • Olof Palmes Gata 20 B • U-Bahn: Hötorget (c 4) • www.bokborsen.se

Rönnells 📚 D 3

Größtes Antiquariat in Stockholm, auch für wissenschaftliche Literatur. Auch Versand: www.ronnells.se.
Östermalm • Birger Jarlsgatan 32 • U-Bahn: Östermalmstorg (d 3)

ANTIQUITÄTEN

Hinter der Bezeichnung »Antikaffär« verbergen sich häufig Antiquitätengeschäfte und Trödelläden in einem. Viele solcher Geschäfte säumen die Odengatan zwischen Odenplan und St. Eriksplan. Hochkarätigere Antiquitätenläden finden sich über

Gamla Stan verstreut. Kenner schätzen vor allem die schönen und preiswerten Kronleuchter aus Kristall.

BACKWAREN
Brot C 3
Beste Bäckerei Stockholms, gehört dem Linzer Konditor Johannes Eder. Vasastan • Odengatan 43 • U-Bahn: Rådmansgatan

🍃 Brunkebergs Bageri
Sämtliches Brot wird aus Biomehl gebacken, und es gibt leckeres Sauerteigbrot aus dem Steinofen. www.brunkebergsbageri.se – Norrmalm • Regeringsgatan 84 • U-Bahn: Radmansgatan (c 3) • Mo–Do 6.30–18, Fr 6.30–17, Sa 8–14 Uhr D 3
– Vasastan • Dalagatan 9 • U-Bahn: Odenplan (c 3) • Mo–Fr 7–18, Sa 8–16, So 8–15 Uhr B 2

BÜCHER
Bok & Bild D 4
Hier sind die schwedischen Neuerscheinungen in Stockholm meist am billigsten. Wunderschöne, äußerst preiswerte Ansichtskarten. Norrmalm • Drottninggatan 9 • U-Bahn: T-Centralen (c 3) • www.bokochbild.se

Hedengrens Bokhandel E 4
Gut sortiert in neun Sprachen, aber teuer (es gibt in Schweden keine Buchpreisbindung). Größtes Angebot an deutschsprachigen Büchern! Östermalm • Stureplan 4 • U-Bahn: Östermalmstorg (d 3) • www.hedengrens.se

DELIKATESSEN
Chez Albert C 2
Reis, Kichererbsen, schwarze Bohnen und vieles andere können Sie hier offen kaufen. Unübertroffen sind die belegten Baguettes. Vasastaden • Roslagsgatan 33 • U-Bahn: Tekniska högskolan (d 3) • www.chezalbert.nu • So, Mo geschl.

Östermalms Saluhall E 4
In dieser fantasievollen, ca. 3000 qm großen Markthalle vom Ende des 19. Jh. trifft sich die Crème de la crème Stockholms, um Lebensmittel und Delikatessen zu kaufen. Östermalm • Nybrogatan 29–33 • U-Bahn: Östermalmstorg (d 3) • www.ostermalmshallen.se • So geschl.

DESIGN
DesignTorget
Von schwedischen und skandinavischen Designern hergestellte Gegenstände, die einfach schön sind. www.designtorget.se – Norrmalm • Centralstation (Hauptbahnhof), Centralhallen • U-Bahn: T-Centralen (c 3) C/D 4
– Flughafen Arlanda, Terminal 5

EINRICHTUNGEN
Carl Malmsten E 4
Der Möbeldesigner Malmsten erlebte seinen Durchbruch mit einem Stuhlentwurf für das Stadshus am Riddarfjärden im Jahre 1916. Östermalm • Strandvägen 5 B • U-Bahn: Östermalmstorg (d 3) • www.malmsten.se

🍃 Grön Interiör E 6
Vor allen Dingen im Internet, aber jetzt auch mit einem Ladenlokal vertreten: Hier gibt es giftfreie Möbel und Matratzen oder Büromöbel ohne schädliche Chemikalien. Södermalm • Renstiernas gata 19 • U-Bahn: Medborgarplatsen (c 4) • www.groninterior.se

IKEA B 6

In Kungens Kurva liegt das größte
IKEA-Warenhaus der Welt.
Kungens Kurva • U-Bahn: Skärholmen (b 4), von dort Bus 173, Gratis-
bus ab Vasagatan 18/Fremdenver-
kehrsamt, Mo–Fr stdl. 10–19 Uhr •
www.ikea.de • tgl. 10–20, feiertags
10–18 Uhr

FLOHMARKT
Hötorget C 4

Wo sich von Montag bis Samstag
die Marktstände drängen, ist Sonntag Flohmarkt. Preiswerte Bücher.
Norrmalm • U-Bahn: Hötorget (c 3)

FOTO
LP Foto D 3

Nur einen Steinwurf weit von der
Kungsgatan entfernt. Ein Mekka für
jeden echten Fotoliebhaber. Regel-
mäßige Auktionen.
Norrmalm • Regeringsgatan 83 •
U-Bahn: Östermalmstorg (d 3) • www.
lpfoto.se

GESCHENKE, KUNSTHANDWERK
Iris Hantverk D 4

Kunsthandwerk traditioneller Art
sowie in neuem Design. Handgefer-
tigte Bürsten für Bad, Küche und
Schuhpflege, auch auf Bestellung.
Norrmalm • Kungsgatan 55 • U-Bahn:
Hötorget (c 3) • www.hantverk.iris.se

GEWÜRZE
Aeter & Essencefabriken C 3

In dieser im Jahr 1889 gegründeten
Gewürzhandlung decken sich auch
Schwarzbrenner mit Essenzen ein,
mit denen sie den reinen Alkohol
veredeln.
Norrmalm • Wallingatan 14 •
U-Bahn: Hötorget (c 3) • www.
essencefabriken.se

MERIAN Tipp

HÖTORGSHALLEN D 4

Im Herzen Norrmalms finden Sie das
lebhafte Treiben verschiedener Nationalitäten. Die Händler bieten Delikatessen aus aller Welt feil. Cafés und
Restaurants von Kebab bis Sushi runden das Angebot ab. ▶ S. 15

JUWELIERE
W. A. Bolin E 3

Dieses Juweliergeschäft, das seit je-
her den königlichen Hof beliefert,
wurde bereits im Jahr 1796 in Sankt
Petersburg gegründet. Es werden
auch Juwelen angekauft, und es finden Versteigerungen statt.
Östermalm • Sturegatan 6 • U-Bahn:
Östermalmstorg (d 3) • www.bolin.se

KAFFEE UND TEE
Sibyllans Kaffe och Tehandel
 E 3

Überaus vielseitiges Angebot. Schon
allein wegen der altmodischen Ein-
richtung ist diese Fundgrube einen
Besuch wert.
Östermalm • Sibyllegatan 35 •
U-Bahn: Östermalmstorg (d 3)

KAUFHÄUSER
Åhléns City D 4

Von Souvenirs bis zu Langlaufski
alles zu vernünftigen Preisen. Dieses
größte Warenhaus Schwedens mit
Niederlassungen im ganzen Land
verfügt neuerdings für alle, die sich
vom Shoppen erholen müssen, über
eine Spa- und Relaxabteilung im
Obergeschoss mit Anwendungen.
Norrmalm • Klarabergsgatan 50 •
U-Bahn: T-Centralen (c 3) • www.
ahlens.se • Mo–Fr 10–21, Sa 10–19
und So 11–18 Uhr

PUB D 4

1882 eröffnetes Warenhaus, in dem
Greta Garbo als Verkäuferin arbei-
tete. Heute jung und schick.
Norrmalm • Kungsgatan, Ecke
Drottninggatan • U-Bahn: Hötorget
(c 3) • www.pub.se

KINDERKLEIDUNG

Polarn o Pyret D 4

Strapazierfähige   Kinderkleidung,
die jedes schwedische Kind trägt,
und bequeme Umstandsmoden.
Norrmalm • Hamngatan 10 • U-Bahn:
T-Centralen (c 3) • www.polarno
pyret.se

LEBENSMITTEL

Äppelfabriken

Der große Nachteil vieler biologi-
scher Erzeuger ist, dass sie im Grunde
genommen nur mit dem Auto er-
reichbar sind. Auch zu diesem biologischen Apfelerzeuger auf einer der
großen Inseln im Mälaren kommt
man ohne größere Umstände nur mit
dem Auto oder dem eigenen Boot.
Angebaut werden u. a. die wunderbaren schwedischen Apfelsorten Ribs-
ton, Gravensteiner, Åkerö, Kim, Fil-
ippa und Cox Pomona, aber auch
Himbeeren und Rhabarber. Die Äpfel
werden zu Mus, Most, Essig, Marme-
lade und einem Glögg verarbeitet, der
2008 bei der schwedischen Meister-
schaft für handwerklich hergestellte
Lebensmittel mit einer Goldmedaille
ausgezeichnet wurde.
Neben der romanischen Kirche von
Hilleshög sind drei Grabhügel aus
der Wikingerzeit zu bewundern.
Svartsjölandet (Färingsö), Wiksunds
Gård; Bus 318 von Brommaplan bis
Haltestelle Hilleshög Kyrka, von dort
1 km zu Fuß, oder mit dem eigenen
Boot bis Wiksunds Brygga (Gästelie-
geplatz) • www.appelfabriken.se •
Sa, So 11–16 Uhr

Das exklusive Kaufhaus Nordiska Kompaniet (▸ MERIAN Tipp, S. 15) in Norrmalm ist
ein modernes Kaufhaus mit Franchising-System für den größeren Geldbeutel.

Ekologiska Barnmatsbutiken

 E 3

Biolebensmittelladen für Null- bis Fünfjährige. Zur Auswahl stehen über 100 fertige Mahlzeiten. Nur Lebensmittel ohne Zuckerzusatz. Spezieller Kaffee und Tee für Schwangere und stillende Mütter. Östermalm • Nybrogatan 60 • U-Bahn: Stadion (d 3) • www.barn matsbutiken.se • Mo–Fr 10–17 Uhr

Hemköp City

 D 4

Der gut sortierte Supermarkt im Kellergeschoss des Warenhauses Åhléns hat das größte Biowaren-Angebot in Stockholm.
Norrmalm • Klarabergsgatan 50 • U-Bahn: T-Centralen (c 3) • www. hemkop.se • Mo–Fr 7–22, Sa–So 9–21 Uhr

Saltå Kvarns Butik

 E 6

Täglich frisches Brot • Die biodynamischen Lebensmittel von Saltå Kvarn können Sie in (fast) jedem Supermarkt kaufen, im trendigen Stadtteil Södermalm gibt es seit 2010 aber auch einen eigenen Laden.
Södermalm • Renstiernas Gata 27 • U-Bahn: Medborgarplatsen (c 4) • www.saltakvarn.se • Mo–Fr 9–18, Sa 10–16, So 11–16 Uhr

LEDERWAREN

Palmgrens

 E 4

Hochwertige Lederartikel. Das Geschäft ist königlicher Hoflieferant.
Östermalm • Sibyllegatan 7 • U-Bahn: Östermalmstorg (d 3) • www. palmgrens.se

MARKT

 Bondens marknad

Im Umland angebautes Obst und Gemüse sowie handwerklich herge-

⭐ 5 MERIAN Tipp

KAUFHAUS NORDISKA KOMPANIET (NK)

 D 4

Traditionsreich und nicht gerade preiswert, aber: NK lässt keine Wünsche offen. Wer den Verlockungen im Innern widerstehen möchte, sollte zumindest einen Blick auf die herrliche Jugendstilfassade werfen.   ▶ S. 15

stellte Lebensmittel werden auf diesen äußerst malerischen Märkten feilgeboten, beispielsweise Tunnbröd (Fladenbrot) aus Valdemarsvik in Östergötland, Räucherlachs aus Grisslehamn in Uppland oder Honig aus Älvsjö von den Fågelsångens Bigårdar.
www.bondensegen.com • Aug.–Mitte Okt. und 12.–19. Dez. Sa 10–15 Uhr – Östermalm • Tessinparken • U-Bahn: Karlaplan (d 3)   F 3 – Södermalm • Katarina Bangata, Ecke Götgatan • U-Bahn: Medborgarplatsen (c 4)   südl. F 6

Hötorget-Markt

 C 4

Preiswertes Obst und Gemüse können Sie auf dem zentralen Marktplatz der Stadt, Hötorget, kaufen. Pantoffeln aus Rentierfell kosten halb so viel wie in der Gamla Stan.
Norrmalm • U-Bahn: Hötorget (c 3) • Mo–Fr 10–18, Sa 10–15 Uhr

MODE

Engströms Trikåaffär

 C 4

In diesem bereits seit über 100 Jahren bestehenden Geschäft werden die altmodischen und soliden Kleidungsstücke noch über den Tresen verkauft. Sehenswert.
Kungsholmen • Scheelegatan 5 • U-Bahn: Rådhuset (c 3)

Gudrun Sjödén

Für alle, die sich wie die Skandinavier auch noch im gesetzten Alter farbenfroh kleiden wollen.
www.gudrunsjoden.com
– Norrmalm • Regeringsgatan 30 •
U-Bahn: T-Centralen (c 3)   D 4
– Södermalm • Götgatan 44 •
U-Bahn: Slussen (c 4)   E 6

Kerstin Adolphson   D 5

Die typischen skandinavischen Mitbringsel, die Norwegerpullover, liegen hier in einem großen Berg in der Mitte des altmodischen Ladens.
Gamla Stan • Västerlånggatan 40 u. 44 • U-Bahn: Gamla Stan (c 4)

PASSAGEN

Söderhallarna   E 6

Moderne und großzügige Passage, einkaufsfreundliche Architektur. Spezialitäten aus England.
Södermalm • U-Bahn: Medborgarplatsen (c 4) • www.soderhallarna.com

Sturegallerian   E 4

Luxuriöse Passage mit gepflegten Lokalen und der mehrsprachigen Buchhandlung Hedengren (▸ S. 36).
Östermalm • Stureplan • U-Bahn: Östermalmstorg (d 3) • www.sturegallerian.se

Västermalmsgallerian   B 4

Endlich hat auch Kungsholmen sein Einkaufszentrum – für alle, denen in der Innenstadt zu viel Gedränge ist.
Kungsholmen • St. Eriksgatan 45, Ecke Flemingatan • U-Bahn: Fridhemsplan (c 3) • www.vastermalmsgallerian.com
Riesige Passagen gibt es außerdem in den Vorstädten, etwa in Bromma, Solna, Mörby, Sollentuna, Kista, bei der Globen Arena und in Sickla.

SCHOKOLADE

Ejes Chokladfabrik   F 3

Hier werden seit 1923 feinste Pralinen per Hand hergestellt, ohne Konservierungsmittel. Über 100 Sorten wie Trüffel-, Nougat- und Cremepralinen sind schmackhafte Souvenirs.
Östermalm • Erik Dahlbergsgatan 25, Gärdet • U-Bahn: Karlaplan (d 3) • www.ejeschoklad.se • Aug. und So geschl.

SCHUHE

Jerns Skor   D 4

Kostspielige Schuhe von klassischer Eleganz.
Norrmalm • Drottninggatan 37 •
U-Bahn: T-Centralen (c 3)

Knulp   D 4

Größte Auswahl an schwedischen Holzschuhen mit pflanzlich gegerbtem Leder, viele Sandalen.
Norrmalm • Kungsgatan 53 • U-Bahn: Hötorget (c 3) • www.knulp.se

Rizzo   E 4

Schicke Schuhe für jüngere oder jung gebliebene Kundschaft. Filiale in der Kungsgatan 26.
Östermalm • Biblioteksgatan 9 •
U-Bahn: Östermalmstorg (d 3) • www.rizzo.se

SPIELWAREN

1:43   D 2

Der Name des Geschäfts bezieht sich auf den Maßstab der Modellautos, die hier verkauft werden.
Vasastaden • Odengatan 38 •
U-Bahn: Rådmansgatan (c 3)

Kalikå   E 5

Putzige Tierkreationen zum Anziehen oder einfach nur zum Liebhaben … Auch Möbel und Spielwaren.

Das PUB (▶ S. 38), errichtet 1882, ist schick und modern, aber Stockholms ältestes Kaufhaus und nach den Initialen des Gründers Paul Urban Bergström benannt.

Gamla Stan • Österlånggatan 18 • U-Bahn: Gamla Stan (c 4) • www.kalika.se

Krabat   D 4
Fantasievolles Spielzeug für 0- bis 10-Jährige sowie schwedische und finnische Kinderstoffe.
Norrmalm • Kungsgatan 60 • U-Bahn: Hötorget (c 3) • www.krabat.se

SPORTARTIKEL
Alewalds   D 4
Hier finden Sie alles, was Sie für eine Wanderung durch die Weiten Lapplands benötigen.
Norrmalm • Kungsgatan 32 • U-Bahn: Hötorget (c 3) • www.alewalds.se

Igor Sport   E 6
Dieser Laden ist auf Auslaufmodelle spezialisiert.
Södermalm • Götgatan 90 • U-Bahn: Medborgarplatsen (c 4)

Naturkompaniet
Ausrüstungsladen mit Artikeln der weltbekannten Marke Fjällräven.
www.naturkompaniet.se
– Norrmalm • Kungsgatan 4 A und 26 • U-Bahn: Hötorget (c 4)   D 4
– Kungsholmen • Hantverkargatan 38–40 • U-Bahn: Rådhuset (c 3)   B 5
– Vasastaden • Sveavägen 62 • U-Bahn: Rådmansgatan (c 3)   D 3

TRÖDEL/SECONDHAND
Myrorna
Die Läden der Heilsarmee verkaufen Bücher, Kaffeelöffel, Ballkleider und allerlei Krimskrams.
– Vasastaden • Torntebogatan 5 • U-Bahn: St. Eriksplan (c 3)   B 3
– Norrmalm • Adolf Fredriks Kyrkogatan 5–7 • U-Bahn: Hötorget (c 3)   D 3

Am Abend

Die hellen Sommernächte locken ganz Stockholm auf die Straßen und in die Kneipen, Bars, Clubs und Diskotheken, aber auch Oper sowie Theater und Konzerte sind gut besucht.

◄ Im Mosebacke Etablissement
(► S. 48) ist immer etwas los, vor
allem im Sommer auf der Terrasse.

Im Sommer stehen vor jedem Restaurant, vor jeder Bar und vor jeder
Kneipe Tische. Hier sitzt man bis
nach Mitternacht. Bedenken wegen
Ruhestörung scheint es nicht zu geben. Die Saison ist so kurz, dass man
auch bei frischen Temperaturen in
den Mantel gehüllt draußen sitzt.
Die gehobenen Etablissements haben auch für ihre »uteservering«, die
Tische im Freien, Türsteher. An Türsteher und an das Schlangestehen
muss sich ein Ausländer erst gewöhnen: Was auf dem Kontinent die
Ausnahme ist, ist in Schweden eher
die Regel. Glücklicherweise gibt es –
seit vor einigen Jahren die Kon-
zessionsvergabe liberalisiert wurde
– genügend andere Lokale.

Kinotradition

In Stockholm schlägt das kulturelle
Herz Schwedens: Es gibt über 100
Theater, zwei Opernhäuser, Musi-
caltheater. Außerdem ist Stockholm
eine ausgesprochene Kinostadt.
Kino hat in Schweden Tradition:
In Stockholm wurden die ersten
abendfüllenden Stummfilme gedreht, u.a. eine Verfilmung des
Selma-Lagerlöf-Romans »Gösta Ber-
ling«. Außerdem leisten sich die
Stockholmer im Oktober/November
gleich zwei Filmfestivals: das zehn
Tage dauernde »Stockholm Filmfestival« und das »Popcorn« (gratis
Film unter freiem Himmel im Spät-
sommer im Rålambshovsparken auf
Kungsholmen).
Stockholm hat auch eine sehr interessante Clubszene: Was gerade ak-
tuell ist, erfahren Sie immer aus der

Freitagsbeilage von »Dagens Nyheter«, »På Stan«.
Das Nachtleben konzentriert sich
auf zwei Stadtviertel: den Stureplan
und die umliegenden Straßen. Hier
verkehren der Schauspieler Mikael
Persbrandt, der in der Rolle des
Gunvald Larsson in den Beck-Fil-
men bekannt wurde, und andere
schicke Leute.
Wenn Sie es eher zwanglos mögen,
dann ist Ihnen Söder, beispielsweise
die Skånegatan, anzuraten. Ein
»Helkväll« (wörtlich übersetzt: gan-
zer Abend), ein Abend, an dem viel
getrunken wird, endet für die
traditionsbewussten Stockholmer
bei einer der vielen Wurstbuden mit
einer »mosbricka« (einer Bockwurst
mit Kartoffelbrei).

BARS

The Cadier Bar E 4
Gute Longdrinks auch für Leute, die
sich eine Übernachtung im Grand
Hôtel nicht leisten können. Beliebter
Treffpunkt auch für Stockholmer.
Piano-Livemusik am Wochenende.
Blasieholmen • Grand Hôtel, Södra
Blasieholmshamnen 8 • U-Bahn:
Kungsträdgården (d 3) • www.grand
hotel.se

East Bar ▮ E 4
Erstklassiger Whiskey Sour. Die Mu-
sik ist gelegentlich etwas laut.
Östermalm • Stureplan 13 • U-Bahn:
Östermalmstorg (d 3)

Icebar ▮▮ C 4
Im Nordic Sea Hotel. Für 195 SEK
(Hotelgäste 150 SEK) können Sie
hier bei minus 5 °C einen Drink
schlürfen. Poncho gegen die Kälte
wird gestellt. Erspart Ihnen die Reise
ins Eishotel in Jukkasjärvi, Schwe-

disch Lappland. Reservierung notwendig.

Norrmalm • Vasaplan 4 • U-Bahn: T-Centralen (c 3) • Tel. 50 56 31 24 • www.nordicseahotel.se • So–Do 15.45-24, Fr–Sa 15.45–1 Uhr

O-Bar 　　　　　　E 4

In einem Hinterzimmer oberhalb des Nobelrestaurants Sturehof. Große Tanzfläche. Ein- bis zweimal wöchentlich Liveauftritte.

Östermalm • Stureplan 2 • U-Bahn: Östermalmstorg (d 3) • www.sturehof.com • Sa–Do 19–2, Fr 17–2 Uhr • Mindestalter 23 Jahre

The Spy Bar 　　　　　E 4

Einer der bekanntesten Nachtclubs Stockholms. Allen Lesern der schwedischen Regenbogenpresse ein Begriff. Es ist ziemlich schwierig, überhaupt eingelassen zu werden.

Östermalm • Birger Jarlsgatan 20 • U-Bahn: Östermalmstorg (d 3) • www.spybar.se • Mi–Sa 23–5

Sturecompagniet 　　　E 4

In diesem Lokal, in dem auch die Kronprinzessin verkehren soll, ist es eine Kunst, am Türsteher vorbeizukommen. Der VIP-Raum liegt links vom Eingang.

Östermalm • Sturegatan 4 • U-Bahn: Östermalmstorg (d 3) • www.sturecompagniet.se • Do–Sa 22–3 Uhr • Mindestalter 23 Jahre

White Room 　　　　　D 4

Schöner Nachtclub mit, wie der Name sagt, sehr weißer Einrichtung. Bunte Gästemischung.

Norrmalm • Regeringsgatan 61 • U-Bahn: Hötorget (c 3) • www.white room.se • Mi, Fr–Sa 24–5 Uhr

BOOTSAUSFLÜGE

Warum nicht die Abendstunden für eine Fahrt in die Schären nutzen? Sogenannte »Räkkryssningar« (Krabbenkreuzfahrten) finden auch in den Wintermonaten statt. Im Sommer, wenn es nachts nicht mehr dunkel wird, ist das Angebot natürlich am größten. Das ganze Jahr über im Einsatz sind die **MS Vindhem** (ab Slussen, Information und Buchung Tel. 7 76 01 20; www.vindhem.com), die **Cinderella II** (ab Strandvägen; Tel. 58 71 40 50) und Schiffe des **Strömma Kanalbolag** (ab Nybroplan; Tel. 58 71 40 00; www.stromma. se). Die Schiffe legen alle um 19 Uhr ab, also relativ zeitig!

CLUBS

Marie Laveau 　　　　　D 6

Einer der neuen Clubs auf Söder. Bar und Nachtclub. Hier legen bekannte DJs wie Dinamarco auf. Abwechslungsreiches Programm, auch Shows und Events. Das Restaurant ist auf amerikanische Südstaatenküche spezialisiert.

Södermalm • Hornsgatan 66 • U-Bahn: Mariatorget (c 4) • www.marielaveau.se • Mo, Di 17–23, Mi–Fr 17–3, Sa 12–3, So 12–23 Uhr

DISKOTHEKEN

Die meisten Diskotheken haben eine Altersgrenze: Häufig wird nur Gästen über 23 Jahren (gelegentlich auch 25) Einlass gewährt. Damit will man vermutlich die weniger zahlungskräftige Klientel fernhalten. Einige Diskotheken finden sich in der Gegend Stureplan, Birger Jarlsgatan.

Le Bon Palais 　　　　　C 4

Traditionsreicher Nachtclub im Folkets Hus. Hier verkehren die sozial-

Für ganz Harte: die Icebar (▶ S. 43) im Nordic Sea Hotel am Vasaplan. Nicht billig, aber bei – 5 °C sind die Drinks im Eisglas immer gut gekühlt.

demokratischen Politiker und die Gewerkschaftsbosse.
Norrmalm • Barnhusgatan 12 • U-Bahn: T-Centralen (c 3) • www.lebonpalais.se • Fr, Sa 22–3 Uhr • Mindestalter 25 Jahre

Patricia    E 6

Hier kann man sich an Freitagen und Samstagen bis 5 Uhr morgens amüsieren. Sonntag ist Gay Night. Dresscode am Wochenende.
Söder Mälarstrand • Kajplats 19 • U-Bahn: Slussen (c 4) • www.patri

cia.st • Mi–Do 17–24, Fr–Sa 18–5, So 18–5 Uhr

KASINO

Casino Cosmopol   C 4

Das größte Spielkasino Schwedens ist in einem ehemaligen Premierenkino, dem Palladium, aus dem Jahr 1917 untergebracht. Es gibt hier zwei Restaurants und drei Bars. Die Sie besuchen können, falls Sie sich an den beiden gefährlich aussehenden Türstehern vorbeitrauen und bereit sind, sich fotografieren zu lassen. Der Mindesteinsatz beim Roulette beträgt 20 SEK. An 31 Tischen werden hier Roulette, Black Jack und Caribbean Stud, aber auch Punto Banco Big Wheel, Sic Bo und Poker gespielt.

Norrmalm • Kungsgatan 65 •
U-Bahn: T-Centralen (c 3) •
www.casinocosmopol.se • tgl.
13–5 Uhr • Eintritt 30 SEK •
Mindestalter 20 Jahre

KINOS

Da im Kino lebende Bilder gezeigt werden, heißen Kinos in Schweden »Biografer« (kurz: »Bio«). Moderne Kinocenter findet der Besucher in der Kungsgatan (Rigoletto, Royal), am Hötorget und am Medborgarplatsen. Die Filme laufen, einmal abgesehen von Kinder- und Zeichentrickfilmen, in Schweden immer im Original mit schwedischen Untertiteln.

Bio Rio   B 6

Das einzige noch existierende Stadtteilkino in Stockholm. Sehr charmant. Liveübertragungen der Metropolitan Opera in New York.

Södermalm • Hornstulls strand 3 •
U-Bahn: Hornstull (c 4) • www.biorio.se

Skandia   D 4

Dieses Kino wurde 1922 in ein Gebäude aus dem 19. Jh. eingebaut. Das Skandia ist das Hauptkino des jährlich stattfindenden Stockholm International Filmfestival.

Norrmalm • Drottninggatan 82 •
U-Bahn: Hötorget (c 3) • www.sf.se

Sture   D 3

Das Stockholmer Kino für den europäischen Film. Besonders beliebt: die französischen Filmtage.

Östermalm • Birger Jarlsgatan 41 •
U-Bahn: Östermalmstorg (d 3) • www.biosture.se

Das Café Opera (▶ S. 47), eher ein Restaurant und Nachtclub als ein Café, hat schon Prominenz von Mick Jagger bis Madonna und Kronprinzessin Victoria gesehen.

Zita D 3

Dieses Kino besteht seit 1913 und ist somit Stockholms ältestes Lichtspielhaus. Hier befindet sich Folkets Bio, ein Kinobetrieb unter der Regie von ehrenamtlichen Mitarbeitern. Bar und Café, die auch von Nicht-Kinobesuchern frequentiert werden.
Östermalm • Birger Jarlsgatan 37 • U-Bahn: Östermalmstorg (d 3) • www.folketsbio.se/zita

KNEIPEN UND LOKALE

Café Opera D 4

Berühmtester Szenetreff. Hier trifft sich alles, was Rang und Namen hat. An den Wochenenden lange Schlangen vor der Tür. Coole Musik und schickes Ambiente.
Norrmalm • Operahuset, Kungsträdgården • U-Bahn: Kungsträdgården (d 3) • www.cafeopera.se

Kvarnen E 6

Traditionsreicher Bierkeller. Hier bekommen Sie reelle Hausmannskost serviert.
Södermalm • Tjärhovsgatan 4 • U-Bahn: Medborgarplatsen (c 4) • www.kvarnen.com

Limerick D 3

Gemütlicher irischer Pub mit stets guter Stimmung.
Vasastaden • Tegnérgatan 10 • U-Bahn: Rådmansgatan (c 3) • www.limerickpub.se

Löwenbräu A 4

Dieses Lokal lag früher im Klaraviertel beim Hauptbahnhof und zog erst mit den großen Zeitungen nach Kungsholmen um. Bekannter Journalistentreff.
Kungsholmen • Fridhemsplan 29 • U-Bahn: Fridhemsplan (c 3)

6 ⭐ **MERIAN Tipp**

PARKTEATERN E 6

In den Parks finden von Juni bis September gratis zahlreiche Theatervorstellungen, Musicals und Konzerte statt, etwa im Vitabergsparken auf Södermalm. ▶ S. 16

O'Learys D 6

Hier gibt's Guinness vom Fass, kleine Gerichte und irische Heiterkeit. Klassische Sportbar.
Södermalm • Götgatan 11–13 • U-Bahn: Slussen (c 4) • www.olearys.se

Pelikanen E 6

Stockholms älteste Bierkneipe wurde über die Zeit der Prohibition hinübergerettet.
Södermalm • Blekingegatan 40 • U-Bahn: Medborgarplatsen (c 4) • www.pelikan.se

Söders Hjärta D 6

Das »Herz Södermalms« trägt seinen Namen vollkommen zu Recht: Es ist nicht nur an Wochenenden, sondern jeden Tag gut besucht. Restaurant und Bar.
Södermalm • Bellmansgatan 22 B • U-Bahn: Mariatorget (c 4) • www.sodershjarta.se • Restaurant tgl. 17–24, Bar tgl. 17–1 Uhr

KONZERTE UND VERANSTALTUNGEN

Das musikalische Angebot in der schwedischen Hauptstadt ist vor allem im Sommer sehr umfangreich. Im **Schlosstheater von Drottningholm** wird Barockmusik gespielt, und es werden Barockopern aufgeführt. Sommerkonzerte finden auch

Die Södra Bar im Södra Teatern (▶ S. 49) ist die kleinste Bühne des Theaters für ca. 250 Gäste. Von hier aus hat man einen tollen Blick über Stockholm.

im **Ulriksdals slott** und im **Königlichen Schloss** in Gamla Stan statt.

Berwaldhallen 🟥 F 4
In dieser in den Fels gesprengten Konzerthalle tritt das Radiosymphonieorchester auf. Die Wände sind beweglich, sodass hier auch Kammerorchester spielen können.
Östermalm • Strandvägen 69 • Bus 69: Berwaldhallen • Tel. 7 84 18 00 • www.berwaldhallen.se

Konserthuset 🟥 D 4
Hier treten die Stockholmer Philharmoniker und illustre Solisten auf.
Norrmalm • Hötorget 8 • U-Bahn: Hötorget (c 3) • Tel. 50 66 77 88 • www.konserthuset.se

Musikaliska 🟥 E 4
Klassische Konzerte in einem großen und kleinen Saal. Das Gebäude von 1878 wurde nach umfangreichen Renovierungen 1998 wiedereröffnet. Hier spielen Länsmusiken und die Bläsersinfoniker.
Östermalm • Nybrokajen 11 • U-Bahn: Kungsträdgården (d 3) • Tel. 54 57 03 00 • www.musikaliska.com

MUSIKCLUBS
Fasching 🟥 C 4
Stockholms Jazzclub Nummer eins. Hier treten auch internationale Stars der Szene auf.
Norrmalm • Kungsgatan 63 • U-Bahn: T-Centralen (c 3) • Tel. 20 00 66 • www.fasching.se

Mosebacke Etablissement 🟥 E 6
Die Terrasse dieses Lokals hat August Strindberg im ersten Kapitel (»Stockholm aus der Vogelperspektive«) seines Romans »Das rote Zimmer« aus dem Jahr 1879 verewigt. Es gibt Konzerte und Comedy-Shows, Club.

Södermalm • Mosebacke torg 3 •
U-Bahn: Slussen (c 4) • Tel. 53 19
94 90 • www.mosebacke.se

Nalen　🏛 D 3
Jazz und Unterhaltungsmusik, auch
Klassik. Umfangreiches Musikpro-
gramm. Edles Restaurant.
Östermalm • Regeringsgatan 74 •
U-Bahn: Hötorget (c 3) • Tel. 50 52
92 00 • www.nalen.com

Södra Teatern　🏛 E 6
Sänger und Musiker (z. B. Amy Mc-
Donald) aus allen Teilen der Welt,
Flamenco und portugiesischer Fado.
Södermalm • Mosebacke torg 1–3 •
U-Bahn: Slussen (c 4) • Tel. 53 19
94 90 • www.sodrateatern.com

OPER UND THEATER
Chinateatern　🏛 E 4
Hier werden Musicals wie »Cats«
und »West Side Story« gegeben.
Östermalm • Berzelii Park 9 • U-Bahn:
Kungsträdgården (d 3) • Tel. 56 28
92 00 • www.chinateatern.se

Cirkus　🏛 G 5
Mit 1700 Plätzen eines der wichtigsten Musical- und Revuetheater in
Schweden. Das Gebäude wurde 1892
für Zirkus-Gastspiele errichtet.
Djurgården • Djurgårdsslätten
43–45 • Straßenbahn 7: Skansen,
Fähre von Slussen • Tel. 6 60 10 20 •
www.cirkus.se

Dansens Hus　🏛 C 4
Im Folkets Hus (dem Kongressge-
bäude der Gewerkschaften). Das
»Haus des Tanzes« hat sich ganz dem
modernen Ballett verschrieben.
Norrmalm • Barnhusgatan 14 •
U-Bahn: T-Centralen (c 3) •
www.dansenshus.se

Dramaten (Kungliga Dramatiska Teatern)　🏛 E 4
Am Königlichen Theater (▶ S. 58),
an dem der 2007 verstorbene Regis-
seur Ingmar Bergman inszenierte,
tritt die erste Garde der schwedischen Schauspielerszene auf. Zu den
großen Namen der Vergangenheit
gehören außerdem Greta Garbo,
Max von Sydow und Bibi Andersson.
Östermalm • Nybroplan •
U-Bahn: Kungsträdgården (d 3) •
Tel. 6 67 06 80 • www.dramaten.se

Operan　🏛 D 4
Opern- und Ballettaufführungen,
die auch international Aufmerk-
samkeit erregen. Das Orchester der
Oper ist eines der ältesten der Welt
und geht auf Gustav Wasas Hof-
orchester von 1526 zurück. Das
Opernhaus, in dem König Gustav
III. im Jahr 1792 bei einem Masken-
ball ermordet wurde, wurde Ende
des 19. Jh. durch einen Neubau er-
setzt, der die Pariser Oper zum
Vorbild hatte.
Norrmalm • Gustav Adolfs torg •
U-Bahn: Kungsträdgården (d 3) •
Tel. 7 91 44 00 • www.operan.se

Strindbergs Intimateater　🏛 C 4
Dieses kleine Kammerspieltheater
nach französischem und deutschem
Vorbild wurde von August Strindberg im Jahr 1909 selbst gegründet.
Strindberg schrieb für diese Bühne
die Stücke »Der Pelikan«, »Unwet-
ter« und »Gespenstersonate«. Seit
dem Strindbergfestival 1993 wird
der Dramatiker auf dieser Bühne
wieder gespielt.
Norrmalm • Barnhusgatan 20
(am Norra Bantorget) • U-Bahn:
T-Centralen (c 3) • www.strindbergs
intimateater.se

Familientipps

Im Strandbad tollen und toben, Schmetterlinge gucken oder Achterbahn mit Überschlag fahren macht Kindern und auch ihren Eltern großen Spaß!

◀ Neben Pippi Langstrumpf kann man im Junibacken (▶ S. 51) Kinderbuchfiguren wie Pettersson und Findus treffen.

Astrid Lindgrens Bostad   B 2

Im ersten Stockwerk dieses Mehrfamilienhauses mit Blick auf den Vasaparken und über dem Restaurant Wasahof wohnte die Schriftstellerin Astrid Lindgren (1907–2002) ab Oktober 1941. Wohnzimmer und Arbeitszimmer der Vier-Zimmer-Wohnung gehen zur Straße. Astrid Lindgrens Schreibtisch steht am Fenster ganz rechts. Bislang kommen nur die Mitglieder der Astrid-Lindgren-Gesellschaft in den Genuss einer Besichtigung, das soll sich aber irgendwann ändern. Alle anderen können einen ehrfürchtigen Blick auf das Fenster werfen, hinter dem Astrid Lindgren ihre stenografierten Manuskripte ins Reine schrieb.
Vasastan • Dalagatan 46 • U-Bahn: Odenplan (c3) • www.astridlindgrensallskapet.se

Fjärilshuset   B 1

In den 2000 qm großen Gewächshäusern fliegen exotische Schmetterlinge und Vögel frei herum. Besonders schön: der asiatische Garten mit den Koi-Karpfen. Neuerdings ist auch ein Kalksteinriff mit Haifischen zu bewundern. Großes Café im Gewächshaus und im Freien
Hagaparken • Bus 515: Haga norra grindar • www.fjarilshuset.se • Mo–Fr 10–16, Sa, So 10–17 Uhr • Eintritt 130 SEK, Kinder 70 SEK

☆ Gröna Lund   F 5

Stockholms Vergnügungspark liegt direkt am Wasser mit Blick auf Skeppsholmen. Neben der obligatorischen Achterbahn gibt es ein Geisterhaus (Spökhuset) mit lebendigen Gespenstern. Seit 2009 treibt dazu noch »Insane«, eine neue Achterbahn (mit Überschlag), den Fahrgästen den Angstschweiß auf die Stirn. Für die gefährlicheren Fahrgeschäfte muss man allerdings mindestens 140 cm groß sein.
Djurgården • Straßenbahn 7: Allmänna Gränd • www.gronalund.com • Die Öffnungszeiten sind von Woche zu Woche unterschiedlich. Auf der Homepage gibt es einen speziellen Kalender mit den jeweiligen Terminen • Eintritt 110 SEK, Åkband (= unbegrenzt Karussell fahren) 310 SEK

Junibacken   F 4

Hier können Sie von einer kleinen Bahn aus die Welt Astrid Lindgrens kennenlernen. Ein eher kostspieliges Vergnügen. Großer Andrang.
Galärparken • U-Bahn: Karlaplan (d 3), Straßenbahn 7: Junibacken, Nordiska Museet, Vasamuseet, Djurgårdsbron; Fähre ab Slussen und Nybrokajen (Sommer) • www.junibacken.se • Jan.–April, Sept.–Dez. Di–So 10–17, Juni tgl. 10–17, Juli tgl. 9–18 Uhr • Eintritt 145 SEK, Kinder 125 SEK

Hellasgården   ▶ S. 107, c 3

Beliebtes Ausflugsziel für Schulklassen im Naturschutzgebiet Nackareservatet am Källtorpsjö, benannt nach dem 1899 gegründeten Sportverein Hellas. Im Sommer befindet sich am See (Nordufer) ein beliebter Badeplatz, im Winter wird Schlittschuh gelaufen. Eine 3,5 km lange Loipe ist beleuchtet. Neben dem Café gibt es eine Minigolfbahn.
Nacka • U-Bahn: Hammarbyhöjden (d 4) oder Björkhagen (d 4), von dort eine halbe Stunde zu Fuß, Bus 401:

Hellasgården • www.hellasgarden.
se, www.storstugan.net • Öffnungszeiten unter Tel. 7 16 39 61 erfragen •
Eintritt Sauna 60 SEK, Kinder 30 SEK

Lillskansen   G 5

Der Streichelzoo im Freilichtmuseum Skansen ist das ganze Jahr über
geöffnet. Hier dürfen die Kleinen zu
den Ziegen ins Gehege und mit ihnen Bekanntschaft schließen. Fast
alle Stockholmer Kinder bringen
den Kätzchen ihre Schnuller mit und
gewöhnen sie sich auf diese Weise ab
(▸ Skansen, S. 89).

Parklek

In Stockholm gibt es betreute Spiel-
plätze, in denen man auch Dreirä-
der ausleihen kann. Die beliebtesten
liegen in der Innenstadt am Nordende des Humlegården (Östermalm), im Vasaparken (Vasastan)
und im Observatorielunden (unweit
der Stadsbiblioteket). Auf Södermalm gibt es ein Parklek im Höga-
lidsparken (U-Bahn: Hornstull) und
eins im Bläcktornsparken (U-Bahn:
Skanstull).

Pelle Svanslös hus   E 4

Die Katze Pelle Schwanzlos wurde
1939 von dem beliebten Kinderbuchautor Gösta Knutsson erschaffen. Im Obergeschoss des Hauses hat
man die Gasse nachgebaut, in der die
Helden der Bücher, u. a. Pelle, Maja
Gräddnos (Sahneschnauze), Trisse
und Tusse Batong, wohnen. Hier
kann man sich als Katze verkleiden.
Uppsala, Dag Hammarskölds väg 9
(hinter der Universitätsbibliothek) •
www.pellesvansloshus.se • Mo–Fr
11.30–16, Sa–So 11–16 Uhr • Eintritt
80 SEK
70 km nordwestl. von Stockholm

Rum för barn   D 4

Im Kulturhaus hat man den Kindern
unter dem Motto »Raum für Kinder« ein halbes Stockwerk gewidmet. Hier finden sich eine Bibliothek
(das gelbe Zimmer für Kinder bis 3,
das braune bis 7 und das weiße bis
11 Jahre), Ausstellungsräume (zuletzt wurde hier der 1919 geborene
Kinderbuchautor Lennart Hellsing
gefeiert) sowie eine Bastelwerkstatt.
Norrmalm • Sergels torg 3 • U-Bahn:
T-Centralen (c 3) • www.kulturhuset.
stockholm.se • Mo–Fr 13–17, Sa, So
11–17 Uhr • Eintritt frei (20 SEK Mate-
rialkosten in der Bastelwerkstatt)

Skansen Akvariet   G 5

Privates Aquarium auf dem Skan-
sengelände mit Affen, Echsen, Kro-
kodilen, Papageien, Ratten, Lemuren und Faultieren. Die Lemuren
bewegen sich frei zwischen den Besuchern. Einige Riesenspinnen darf
man streicheln und Schlangen auf
den Arm nehmen.
Skansen • www.skansen-akvariet.se •
Eintritt (zusätzlich zum Eintritt in den
Skansen) 120 SEK, Kinder 60 SEK

Smedsuddsbadet   A 5

Beliebtes Strandbad unweit des
Rålambshovsparken (Spielplatz). In
dem gelben Holzhaus mit dem
Kanuklub befindet sich ein Café.
Kungsholmen • unterhalb der Väster-
bron am Riddarfjärden • U-Bahn:
Fridhemsplan (c 3), 10 Min. Fußweg

Spårvägsmuseet   südl. G 6

Die Straßenbahnen Stockholms ver-
schwanden bei der Umstellung auf
Rechtsverkehr 1965 (die U-Bahnen
und Züge fahren allerdings weiter-
hin links). Im Straßenbahnmuseum
lassen sich etwa 50 Straßenbahnen

und Busse vergangener Zeiten bewundern und betreten. Durch das Gebäude führt eine Mini-U-Bahn. Angeschlossen ist ein etwas staubiges Spielzeugmuseum (www.leksaks museet.se), in dem etwa ein Dutzend Sammler ihre Preziosen ausstellen. Södermalm • Tegelviksgatan 22 • www.sparvagsmuseet.sl.se • Bus 2 und 66 (Haltestelle Spårvägsmuseet) • Mo–Fr 10–17, Sa, So 11–16 Uhr • Eintritt 50 SEK, Kinder 25 SEK

Tom Tits Experiment   ▶ S. 107, b 4
Ganze 600 Aha-Erlebnisse sind hier möglich, z. B. die Schwerelosigkeit auf dem Mond testen und die mit 44 m vermutlich längste Rutschbahn Skandinaviens ausprobieren. Södertälje • Storgatan 33 • Pendeltåg nach Södertälje C (a 6) • www.tomtit.se • Mo–Mi, Fr 10–17, Do 10–19, Sa, So 10–18 Uhr • Eintritt 189 SEK, Kinder 149 SEK 35 km südwestl. von Stockholm

Tyresta Nationalpark   ▶ S. 107, c 4
Im Unterschied zum Nationalstadtpark Djurgården ist das 1993 eingerichtete und 19,7 qkm große Waldgebiet südlich von Stockholm ein echter Nationalpark mit Wald und Urwald. Der Park wird vom Tyresta by (by = Dorf) aus auf über 55 km ausgeschilderten Wanderwegen erschlossen. Zwei Fernwanderwege, der Sörmlandsleden und der Kustleden, führen durch den Park. In Tyresta by informiert das Naturum (Nationalparkernas hus) über Geschichte, Geologie, Pflanzen, Vögel und Säugetiere in Schweden. Haninge • Bahn: Gullmarsplan (d 4), weiter mit Bus 807 nach Svartbäcken, von dort Bus 834 nach Tyresta by (Fahrzeit 45 Min.) • www.tyresta. se • Naturum: Di–Fr 9–16 Uhr

🏃 Weitere Familientipps sind durch dieses Symbol gekennzeichnet.

Im Freilichtmuseum Skansen gibt es mit dem Lillskansen (▶ S. 52) einen Streichelzoo für Kinder und ganz viel Platz zum Herumtoben.

Kais, Brücken und Kanäle prägen das Bild der wasserreichen Innenstadt.
Wer gerne in Ruhe träumen will, setzt sich einfach direkt ans Ufer.

Unterwegs in **Stockholm**

Schwedens Hauptstadt hat viel zu bieten: imposante Schlösser, monumentale Kirchen, breite Boulevards – und trotzdem bleibt sie sympathisch überschaubar.

Sehenswertes

Stockholm ist überall und immer sehenswert, sei es die Wachablösung vor dem königlichen Schloss, sei es auf dem Skogskyrkogården, dem Waldfriedhof und UNESCO-Weltkulturerbe.

◄ Das Dramaten (► S. 58) ist das schwedische Nationaltheater mit jährlich ca. 1000 Aufführungen.

Die ältesten Sehenswürdigkeiten liegen in Gamla Stan, das Kungliga slottet, die Storkyrkan, Tyska kyrkan, die Börse und zahlreiche Kaufmannshäuser. Die Baumeister kamen häufig aus dem Ausland und ließen sich in Schweden nieder. **Gamla Stan** ist jedoch bereits für sich genommen eine Sehenswürdigkeit: Der mittelalterliche Straßenverlauf ist erhalten, und die Häuser stehen auf mittelalterlichen Kellern. Von Stadsholmen (Gamla Stan) breitete sich die Stadt im 18. Jh. auf das Festland (Norrmalm) und auf die Inseln Kungsholmen und Södermalm aus. Hier durfte mit Holz gebaut werden, daher ist die erste Bebauung weitgehend verschwunden. Im 19. Jh. wurden die breiten Prachtstraßen Östermalms angelegt. Der historisierende Baustil dieser Zeit, von dem noch das **Stadshuset** am Norr Mälarstrand geprägt ist, wird vom Funktionalismus verdrängt. Internationale Berühmtheit erlangte der Architekt Karl Gunnar Asplund, der die **Stadsbiblioteket** am Nordende von Sveavägen, das **Skandia Kino** und (zusammen mit Sigurd Lewerentz) den **Skogskyrkogården**, der auf der UNESCO-Liste des Weltkulturerbes steht, erbaute.

Wo keine Öffnungszeiten angegeben sind, sind die Gebäude nicht öffentlich zugänglich. Kirchen sind im Sommer normalerweise zwischen 10 und 16 Uhr geöffnet. Ein Besuch der Kirchen ist bis auf Storkyrkan, für die im Sommer ein geringer Unkostenbeitrag erhoben wird, normalerweise kostenlos.

Adolf Fredriks kyrka   D 3

Barockkirche, die zwischen 1768 und 1774 nach Plänen von Carl Fredrik Adelcrantz erbaut wurde. Das Altarrelief aus Gips von 1785 stammt von **Johan Tobias Sergel.**

Das berühmteste Grab vor dem Südportal der Kirche ist das von **Olof Palme** (1927–1986). Er wurde auf der der Kirche gegenüberliegenden Seite von Sveavägen von einem bis heute unbekannten Attentäter erschossen. Außer Palme sind u. a. Sergel und der Asienforscher Sven Hedin auf dem Friedhof beigesetzt. Norrmalm • Holländargatan 16 • U-Bahn: Hötorget (c 3) • www.adolf fredrik.nu • Mo 13–19, Di–So 10– 16 Uhr

⭐ **MERIAN Tipp**

BERGIANSKA BOTANISKA TRÄDGÅRDEN   C 1

Im tropischen Gewächshaus des Botanischen Gartens sind exotische Sehenswürdigkeiten wie die riesige Seerose Victoria zu bewundern, deren Blätter einen Durchmesser von bis zu 2,5 m erreichen.   ► S. 16

Börsen   D 5

Die klassizistische Börse an der Nordseite des Stortorget in Gamla Stan aus dem späten 18. Jh. lässt noch gewisse Einflüsse des Rokoko erkennen. Im Untergeschoss liegt das **Nobelmuseet** (► S. 86), im Obergeschoss hat die **Schwedische Akademie** ihren Sitz, die 1786 von Gustav III. gegründet wurde, über die Reinheit der schwedischen Sprache wacht und jedes Jahr im Oktober den Nobelpreisträger für Literatur bestimmt. Zum erlauchten Gremium

»Die Achtzehn« gehörten bisher lediglich sechs Frauen. Die bekannteste Gegenwartsautorin Kerstin Ekman trat aus, da sie sich mit der Haltung des Komitees in der Rushdie-Affäre nicht identifizieren konnte.

Die **Bibliothek** sammelt die Werke aller Literaturnobelpreisträger und kauft ständig Bücher vielversprechender Autoren an. Vielleicht gibt Ihnen ein Blick auf das Regal mit den Neuanschaffungen einen Fingerzeig, wer als Nächster für den Nobelpreis in Betracht kommt, vorausgesetzt, Sie können chinesische und japanische Schriftzeichen lesen!

Gamla Stan • Stortorget, die Bibliothek ist über einen Eingang seitlich am Gebäude (Källargränd 4) zu erreichen • U-Bahn: Gamla Stan (c 4) • www.svenskaakademien.se, www. nobelbiblioteket.se • Sept.–Mai Mo–Fr 10–12, Do 17–19, Juni–Aug. Di, Do 12–15 Uhr

Centralbadet   D 4

Diese Jugendstilbadeanstalt aus den frühen Tagen des vorletzten Jahrhunderts lässt sich über einen hübschen kleinen Park erreichen und ist eine Stockholmer Institution. Verschiedene Anwendungen für Gesicht und Körper sind buchbar, es gibt mehrere Pools, eine schöne Saunalandschaft, einen Fitnessraum und ein nettes Restaurant.

Das Bad wurde im Mai 2011 nach einer umfassenden Sanierung wiedereröffnet. Jetzt gibt es bei der Sauna ein 4°C kaltes Tauchbecken mit Eiswürfeln.

Norrmalm • Drottninggatan 88 • U-Bahn: Hötorget (c 3) • www.central badet.se • Mo–Fr 7–21, Sa 9–21, So 9–18 Uhr • Eintritt 250–350 SEK, Zutritt erst ab 18 Jahren

Centralstationen   D 4

Der im Stil der italienischen Neorenaissance gebaute Stockholmer Hauptbahnhof ist allemal ein kurzes Verweilen wert: Durch die imposante Haupthalle führten einst die Gleise. In den 20er-Jahren entstand das luftige Holzgewölbe, das der Centralstationen ihren ganz eigenen Charme verleiht.

Norrmalm • Vasagatan 1–3 • U-Bahn: T-Centralen (c 3) • www.stationsinfo.se

Djurgården
▶ Spaziergänge, S. 105

Dramaten   E 4

Das Königliche Dramatische Theater (▶ S. 49), ein imposanter Jugendstilbau aus hellem Kolmårdenmarmor, wurde im Jahr 1908 mit der Uraufführung des Strindberg-Stücks »Meister Olof« eingeweiht. Das Foyer ist mit Gemälden u. a. von Carl Larsson und Prinz Eugen geschmückt.

Östermalm • Nybroplan • U-Bahn: Kungsträdgården (d 3) • www. dramaten.se • Führungen im Juni und Juli tgl. um 16 Uhr, sonst Sa 17 Uhr • Eintritt 60 SEK

Drottningholm
▶ Ausflüge, S. 106

Engelbrektskyrkan   D 3

Die imposante Backsteinkirche auf dem ehemaligen Mühlenberg in Östermalm, eines der wichtigsten Bauwerke des schwedischen Jugendstils, wurde 1914 geweiht. Architekt war Lars Israel Wahlman. Das 32 m hohe Gewölbe, das höchste Gewölbe in Skandinavien, ruht auf acht Granitpfeilern. In der Kirche finden häufig anspruchsvolle Chorkonzerte statt.

Östermalm • Östermalmsgatan 20 B •
U-Bahn: Hötorget (c 3) • www.
svenskakyrkan.se/engelbrekt •
Di–So 11–15 Uhr

Estoniamonumentet 　🔖 F 5

Am 28. September 1997 wurde nach
einigen Unstimmigkeiten zwischen
den Angehörigen und dem Staatlichen Kunstrat die Gedenkstätte für
die Opfer der Estonia-Katastrophe
eröffnet. Genau drei Jahre zuvor war
die erst 14 Jahre alte Fähre auf dem
Weg von Tallinn nach Stockholm
gesunken, was 852 Menschen das
Leben kostete. Drei stattliche Mau-
ern, angeordnet in Form eines sym-
bolischen Bugs, dessen Spitze sich
zum Meer hin öffnet, tragen ein-
gemeißelt die Namen fast aller
Verstorbenen. Das zwischen dem
Vasamuseum und dem ehemaligen
Seemannsfriedhof gelegene Granit-
denkmal wurde von dem polnischen
Künstler Miroslaw Balka gestaltet.

Djurgården • Galärkyrkogården •
Straßenbahn: 7 oder Fähre ab
Nybroplan (nur im Sommer)

Fjäderholmarna 🏃🏻‍♀️　🔖 K 4

Die »Fierdholmarna«, also die Inseln
im Fjärd, in der Förde, sind ein Vorgeschmack auf die Schären und von
der Stockholmer Innenstadt zügig
per Schiff zu erreichen. Von 1918 bis
1976 waren die Inseln im Besitz der
Marine und Sperrgebiet. Seit 1982
sind sie Teil des Nationalstadtparks
Djurgården. Zwischen der südlichen
und der nördlichen Insel liegt der
Halvkakssundet, der seinen Namen
»Halbkuchensund« (ein Brot ist im
Schwedischen ein brödkaka oder ein
brödlimpa) dem Umstand verdankt,
dass die Schärenbauern hier in früheren Zeiten auf dem Weg in die
Stadt Rast machten und einen hal-
ben Brotlaib verzehrten.
Heute gibt es auf dem Eiland zwei
Restaurants, ein Café, Schmiede-

WEGZEITEN (IN MINUTEN) ZWISCHEN WICHTIGEN SEHENSWÜRDIGKEITEN

	Adolf Fredriks kyrka	Historiska museet	Hötorget	Kungliga slottet	Kungsträd-gården	Moderna museet	Riddarholmen	Riksdagen	Skansen	Vasamuseet
Adolf Fredriks kyrka	–	45	10	30	25	45	30	25	60	60
Historiska museet	45	–	40	35	35	50	60	45	15	15
Hötorget	10	40	–	25	20	40	30	20	60	60
Kungliga slottet	30	35	25	–	5	15	20	5	45	45
Kungsträdgården	25	35	20	5	–	15	30	10	35	35
Moderna museet	45	50	40	15	15	–	40	20	50	50
Riddarholmen	30	60	30	20	30	40	–	15	60	60
Riksdagen	25	45	20	5	10	20	15	–	50	45
Skansen	60	15	60	45	35	50	60	50	–	10
Vasamuseet	60	15	60	45	35	50	60	45	10	–

und Töpferwerkstatt, eine Glashütte sowie eine Ausstellung älterer Schärenboote.

Im Lilla Värtan • Fähren verkehren von Slussen und Nybroviken (www.fjaderholmslinjen.se, www.stromma kanalbolag.se), die Fahrtzeit beträgt etwa 25 Min. • www.fjaderholmarna.se • Mai bis Anfang Sept. • Rückfahrkarte 130 SEK, Kinder 65 SEK

Gamla Stan
▸ Spaziergänge, S. 96

Globen Arena   🏛 E 6
Moderne Vielzweckarena, die die Stadtsilhouette des Stockholmer Südens dominiert. Mehr als 3000 Veranstaltungen finden hier jährlich statt. Das kugelrunde Gebäude ist 85 m hoch und hat einen Durchmesser von 110 m.

Seit 2009 gibt es die Möglichkeit, mit gläsernen Gondeln, dem **Skyview**, an der Außenwand des größten kugelförmigen Gebäudes der Welt nach oben zu fahren und tolle Ausblicke über die Stadt zu genießen. Online-Reservierung möglich.

Johanneshov • Globentorget • U-Bahn: Globen (c 4) • www.globe arenas.se

Skyview: Mo–Fr 9–18, Sa, So 10–14 Uhr • Fahrpreis 140 SEK, Kinder 100 SEK

Gustav Adolfs torg   🏛 C 4
Der offene Platz, von dem aus eine Brücke direkt auf das Schloss zuführt, wird vom **Arvfurstens Palats**, dem Außenministerium, zwei ehemaligen Bankgebäuden und der **Oper** aus dem späten 19. Jh. flankiert. Die Reiterstatue von 1796 zeigt Gustav II. Adolf. An ihrem Sockel steht sein Kanzler Axel Oxenstierna.

Norrmalm • U-Bahn: Kungsträdgården (d 3) • Tel. 0 73/8 79 85 59 • Führungen finden im Sommer um 13 und 15 Uhr auf Schwedisch und Englisch statt • Ticket 75 SEK

Hagaparken
▸ S. 5

Hötorget   🏛 C 4
Der »Heumarkt«, der im Norden von der Kungsgatan begrenzt wird, liegt im Herzen des Stadtteils Norrmalm, und jeder Spaziergang durch die Innenstadt führt früher oder später hier vorbei. Sommer wie Winter werden wochentags Obst, Gemüse und Blumen zu günstigen Preisen feilgeboten. Als westliche Begrenzung erhebt sich das ehemalige Warenhaus PUB, in dem Greta Garbo in den 1920er-Jahren in der Hutabteilung arbeitete und für den Katalog Modell stand. Gegenüber steht das türkisfarbene **Konserthuset**, eines der Hauptwerke des nordischen Klassizismus, 1923 bis 1926 von Ivar Tengbom errichtet. Die Freitreppe dient den Stockholmern als Aussichtsplätzchen. Von hier bietet sich ein schöner Blick auf die Orpheusgruppe von Carl Milles (1936). An Sonntagen verwandelt sich der Hötorget in einen Flohmarkt.

Norrmalm • U-Bahn: Hötorget (c 3)

Humlegården 👥   🏛 E 3
In diesem Park wurde ab 1619 der Hopfen (»humle«) angebaut, den der Schlosshaushalt zum Bierbrauen benötigte. Später lag hier der Kohlgarten. Im 19. Jh. wurde der Humlegården öffentlicher Park. In der Mitte steht eine Statue des Naturforschers Carl von Linné (1885). Am oberen Ende des Parks gibt es einen riesigen

Das Altargemälde von J. Hoffman in der Klara kyrka (▶ S. 61) stammt von 1766, der Altaraufsatz wurde 1787 bis 1790 nach einem Entwurf von C. F. Adelcrantz erschaffen.

Kinderspielplatz sowie zwei weitere Denkmäler: eine Statue der Schriftstellerin und Frauenrechtlerin Frederika Bremer (1801–1865) und auf der Anhöhe »Floras kulle« eine Statue des Chemikers Carl Wilhelm Scheele (1724–1786), der Sauerstoff, Stickstoff, Chlor, Molybdän, Glycerin und zahlreiche organische Säuren (Weinsäure, Milchsäure und Oxalsäure) entdeckte.
Östermalm • U-Bahn: Östermalmstorg (d 3)

Kaknästornet   H 4
Der 155 m hohe Fernsehturm wurde im Jahr 1967 eingeweiht. Vom Restaurant und den beiden Aussichtsterrassen aus bietet sich ein atemberaubender Blick über Djurgården, Gamla Stan und die Innenstadt.
Ladugårdsgärdet • Kaknäsvägen, Norra Djurgården • Bus 69: Kaknästornet • www.kaknastornet.se •

Jan. Mo–So 10–17, Feb., März Mo 10–17, Di–Sa 10–21, So 10–18, April, Mai, Sept.–Dez. Mo–Sa 10–21, So 10–18, Juni–Aug. Mo–Sa 9–22, So 9–19 Uhr • Eintritt 55 SEK, Kinder 20 SEK

Karlbergs slott   A 3
Im 17. Jh. errichtete Schlossanlage, früher Sommerresidenz der schwedischen Könige. Seit 1792 Kadettenschule der königlichen Kriegsakademie. Im Schlosspark ist Pompe, der Hund von Karl XII., begraben.
Karlberg • Karlbergs Strand • U-Bahn: Sankt Eriksplan (ç 3) • Park: tgl. 6–22 Uhr

Katarinahissen
▶ Spaziergänge, S. 100

Klara kyrka   D 4
Die Gemeindekirche Norrmalms wurde 1577 bis 1590 von den niederländischen Baumeistern Henrik van

Huwen und Willem Boy errichtet. Auf dem Kirchhof, auf dem man sich gut von dem geschäftigen Treiben der Innenstadt ausruhen kann, sind die Schriftstellerin Anna Maria Lenngren und der Dichter Carl Mikael Bellman beigesetzt, dessen Porträt-Medaillon auf dem Grabstein Johan Tobias Sergel schuf. Das Glockenspiel mit 35 Glocken spielt jeden Tag um 9, 12, 15, 18 und 21 Uhr einen Choral.

Norrmalm • Klara Västra Kyrkogata • U-Bahn: T-Centralen (c 3)

Konserthuset   D 4

Nicht nur sehens-, sondern auch hörenswert (▶ Hötorget, S. 60). Abwechslungsreiches Programm.

Norrmalm • Hötorget 6 • U-Bahn: Hötorget (c 3) • www.konserthuset.se

Kulturhuset   D 4

Das Kulturhaus wurde 1968 bis 1973 nach Plänen von Peter Celsing errichtet. Es ist ein zentraler Bestandteil der – mittlerweile sehr umstrittenen – kompletten Umgestaltung der Stockholmer Innenstadt, der das pittoreske Bohemeviertel Klarakvarteret in den 1960er-Jahren zum Opfer fiel. Das fünfstöckige Gebäude, dessen Glasfront die südliche Begrenzung des Sergels torg bildet, besteht aus dem Theatertrakt und dem östlichen, eigentlichen Kulturhaus. In diesem befinden sich Ausstellungsräume, eine Bibliothek, auch mit fremdsprachigen Büchern und Zeitungen, eine Kinderbastelwerkstatt sowie zwei Cafés. Im **Café Panorama** im fünften Stock können Sie eine großartige Aussicht genießen, das Essen ist jedoch nur mäßig.

Norrmalm • Sergels torg 3 • U-Bahn: T-Centralen, Aufgang Drottninggatan

(c 3) • www.kulturhuset.stockholm. se • Mo–Fr 9–19, Sa 11–19, So 11–18 Uhr

Kungliga biblioteket   D 3/4

Die schwedische Nationalbibliothek, sie geht auf Königin Christina zurück, war erst im Königlichen Schloss untergebracht. Ihr heutiges Gebäude im Humlegården im Stil der Neurenaissance wurde 1865 bis 1878 errichtet und mehrfach erweitert. Die Decke des großen Lesesaals, dessen ursprüngliche Einrichtung erhalten blieb, ruht auf Gusseisensäulen. Von 1877 bis 1881 war der Schriftsteller August Strindberg als wissenschaftlicher Assistent an der Bibliothek angestellt. Im Anbau finden den wechselnde Ausstellungen statt, zuletzt über Astrid Lindgren und Selma Lagerlöf. Im Café Sumlen im Souterrain kann man preiswert und gut zu Mittag essen (▶ S. 25).

Humlegården • U-Bahn: Östermalmstorg (c 3) • www.kb.se • Mo–Do 9–19, Fr 9–18, Sa 11–15 Uhr • Eintritt frei

⭐ Kungliga slottet   E 5

Das imposante eckige Schloss beherrscht das Norrmalm zugewandte Nordostende von Gamla Stan. Es ist relativ gut zugänglich, da die königlichen Eltern auf Drottningholm residieren. Um 1180 entstand auf dem höchsten Punkt von Stadsholmen ein Kastell, aus dem später das Schloss »Tre Kronor« (benannt nach den drei Kronen im schwedischen Reichswappen) hervorging. Über das Leben im alten Schloss informiert das **Museum Tre Kronor**. Erst mit Gustav Wasa wurde das Schloss im 16. Jh. ständige Residenz des Königs und Stockholm Hauptstadt von Schweden. Ende des 17. Jh. wurde

Die königliche Leibgarde ist eines der ältesten Regimenter der Welt. Die farbenprächtige Wachablösung (▶ S. 63) im Schlosshof zieht immer viele Schaulustige an.

von Nicodemus Tessin d. Ä., einem Festungsarchitekten aus Stralsund im damals schwedischen Vorpommern, der nördliche Flügel des Schlosses errichtet. Einige Jahre später, am 7. Mai 1697, legte ein Feuer das übrige mittelalterliche Schloss in Schutt und Asche. Karl XI. lag dort bereits seit einem Monat aufgebahrt: Mit Mühe gelang es, den Sarg zu bergen. Das Schloss wurde nach Plänen von Nicodemus Tessin d. J. wieder aufgebaut, jedoch erst 1754 fertiggestellt. Der Nordflügel ist im französischen Barock des späten 17. Jh. eingerichtet, das übrige Schloss im Rokokostil. Die Westfassade zum Slottsbacken (Schlosshügel) hin ist mit den Statuen berühmter schwedischer Persönlichkeiten wie dem Schlossarchitekten Nicodemus Tessin d. J. geschmückt. Auf der Südseite liegt der halbkreisförmige äußere Schlosshof, auf dem die **Wachablösung** stattfindet. Der Wachdienst wird u. a. von den Dragonern der Königlichen Leibgarde (hellblaue Uniformen, glänzende Pickelhauben) und von der Svea Livgarde (dunkelblaue Uniformen, gelbe Kragen, weiße Knöpfe, Helme mit Federbusch) versehen. Die Svea Livgarde von 1521 ist neben der Schweizergarde des Papstes das älteste Regiment der Welt.

Die **Repräsentationsräume** sind über den Slottsbacken zu erreichen. Zu sehen sind u. a. die Galerie Karl XI. im Nordflügel, in dem das Königspaar seine Galadiners gibt, Gästezimmer, die Bernadotte-Räume, in denen zuletzt König Oskar II. (Regierungszeit 1872–1907) und Königin Sofia wohnten, diverse Paradeschlafzimmer und der Ballsaal »Vita Havet« (Weißes Meer), allerdings nur ein Bruchteil der 608 Räume des Schlosses.

Ebenfalls besichtigt werden kann der **Reichssaal**, der 1755 eingeweiht wurde. Hier tagten die Reichsstände. Der silberne Thronsessel, eine Augsburger Arbeit von 1650, war ein Geschenk an Königin Christina.

Die **Schlosskirche**, die häufig für Konzerte genutzt wird, wurde 1754 geweiht. Sie wurde weitgehend von französischen Künstlern gestaltet.

Im **Antikmuseum Gustav III.** wird eine Sammlung teilweise antiker Skulpturen gezeigt. In den Kellergewölben befindet sich die **Schatzkammer** (»Skattkammaren«). In der **Leibrüstkammer** (»Livrustkammaren«) werden Karossen, Schlitten, Sättel und Uniformen ausgestellt.

Da das königliche Schloss häufig für offizielle Empfänge genutzt wird, kommt es vor, dass einzelne Museen oder Repräsentationsräume zeitweilig geschlossen sind.

Gamla Stan • Slottsbacken 1 •
U-Bahn: Gamla Stan (c 4) •
www.kungahuset.se

– Repräsentationsräume, Schatzkammer und Museum Tre Kronor: Mitte–Ende Mai, Sept. tgl. 10–16, Juni–Aug. tgl. 10–17, Okt.–Dez., Feb.–Mitte März Di–So 12–15, Jan. tgl. 12–15 Uhr • Kombiticket 150 SEK, Kinder 75 SEK (Mitte Mai–Mitte Sept. auch gültig für Antikmuseum)
– Antikmuseum: Mitte–Ende Mai, Anfang–Mitte Sept. tgl. 10–16, Juni–Aug. tgl. 10–17 Uhr • Eintritt 150 SEK, Kinder 75 SEK
– Leibrüstkammer: Juni–Aug. tgl 10–17, Sept.–Mai Di–So 11–17 Uhr • Eintritt 60 SEK, Kinder frei
– Schlosskirche: Juni–Aug. Mi, Fr 12–15, Gottesdienst So 11 Uhr
– Wachablösung: Mitte April–Aug. Mo–Sa 11.45. So 12.45, Sept., Okt. Mi, Sa 11.45, So 12.45, Nov.–Mitte April Mi, Sa 12, So 13 Uhr

Kungsgatan   C 4

Die Verlängerung der Kungsgatan nach Osten zwischen Sveavägen und Stureplan wurde erst zu Anfang dieses Jahrhunderts durch den Granit des Hügels Brunkebergsåsen gesprengt und 1911 fertiggestellt.

Richtung Sveavägen liegen die beiden imposanten Bürohochhäuser Norra und Södra Kungstornet, die durch eine Brücke verbunden sind, über die die Malmskillnadsgatan verläuft. Sie wurden 1924 bzw. 1925 fertiggestellt.

Norrmalm • U-Bahn: Hötorget (c 3) oder Östermalmstorg (d 3)

Kungsträdgården   C 4

Hier, wo im Mittelalter das Gemüse für den König angebaut wurde, legte man im 15. Jh. einen königlichen Lustgarten an. Karl XIV. Johan ließ den Park in einen Exerzierplatz umwandeln und im Jahr 1821 in seiner

Mitte eine Statue seines Adoptivvaters Karl XIII. aufstellen. Zur großen Kunst- und Industrieausstellung des Jahres 1866 wurde der Brunnen von Johan P. Molin errichtet, der das Zusammentreffen des Mälarsees mit der Ostsee versinnbildlichen soll. Molin schuf auch das Standbild Karl XII., auf dem der Kriegerkönig nach Osten, nach Russland, deutet.

Unter den Ulmen bei der Statue liegt ein bekanntes Gartenrestaurant, Tehuset. Im Winter wird ein Teil des Kungsträdgården in eine Eisbahn verwandelt, bei der man sich für ein paar Kronen auch Schlittschuhe ausleihen kann.

Am Kungsträdgården liegen die katholische **Sankta Eugenia kyrka** (▶ S. 70) und die dunkelrote barocke **Jakobs kyrka** (tgl. 11–15 Uhr) aus dem frühen 17. Jh. Im Park finden des Öfteren Feste und Veranstaltungen statt.

Norrmalm • U-Bahn: Kungsträdgården (d 3)

⭐ Långholmen 👫 📖 A 6

Zwischen den Stadtteilen Södermalm und Kungsholmen im Schatten der mächtigen Brücke Västerbron liegt die kleine, sehr grüne Insel Långholmen. Trotz ihrer zentralen Lage ist sie nur spärlich besiedelt. Das ist auf ihre etwas düstere Vergangenheit zurückzuführen. Seit Mitte des 18. Jh. diente sie als Gefängnisinsel und behielt diese Funktion bis 1975 bei. Trotzdem oder vielleicht gerade deswegen bietet sich hier ein Naturidyll mitten in der Großstadt.

Von den Stockholmern wird Långholmen vor allem als Bade- und Freizeitinsel geschätzt. Der ehemalige Gefängniskomplex wurde mittlerweile zu Hotel, Konferenzzentrum, Jugendherberge und einem

Die Saluhall am Östermalmstorg (▶ S. 67) bietet Delikatessen aller Art und zählt mit zu den schönsten Bauwerken des späten 19. Jh. in Stockholm.

Museum (zu sehen ist eine Puppe, die in einer originalgetreu eingerichteten Zelle sitzt, tgl. 11–16 Uhr) umfunktioniert.
Södermalm • U-Bahn: Hornstull (c 4), von dort zum Ufer und über die kleine Brücke

Marabouparken 👫   ▸ S. 107, b 3
Als Erholungspark für die Arbeiter der Schokoladenfabrik wurde er im Auftrag des Norwegers Henning Throne-Holst, dem Eigentümer der Freia Schokoladenfabrik, in den Jahren 1937 bis 1945 angelegt. Der kunstliebende Eigentümer ließ in dem Park Teile seiner Skulpturen sammlung aufstellen, u. a. Werke von Aristide Maillol, Bror Hjorth und Henri Laurens.
Der Pavillon, der einem japanischen Teehaus nachempfunden ist, wurde von Arthur von Schmalensee entworfen. Seit in Sundbyberg keine

Schokolade mehr hergestellt wird, ist der Park in den Besitz der Stadt übergegangen. Im ehemaligen Laborgebäude wurde im Jahr 2010 eine Kunsthalle eröffnet.
Sundbyberg, Löfströmsvägen 8 • Pendeltåg nach Sundbyberg, von dort 10 Min. zu Fuß • www.marabou parken.se
– Park: Mai–Okt. tgl. 9–20 Uhr • Eintritt frei
– Kunsthalle: Di, Do–So 11–17, Mi 11–20 Uhr • Eintritt 50 SEK

Moskén   📖 E 6
Die oberhalb des Medborgarplatsen gelegene Moschee wurde 1903 vom Architekten Ferdinand Boberg als Elektrizitätswerk erbaut. Der andalusisch-marokkanische maurische Baustil erwies sich als sehr passend, als das Bauwerk umfunktioniert wurde. In der ehemaligen Maschinenhalle finden 2000 Gläubige Platz.

Bücher, Bücher, Bücher: Die Stadsbiblioteket (▸ MERIAN Tipp, S. 16) ist die Hauptbibliothek der Stadt. Sie wurde am 31. März 1928 eingeweiht.

Södermalm • Kapellgränd 10 •
U-Bahn: Medborgarplatsen (c 4) •
www.ifstockholm.se • tgl. 12–17 Uhr

Norra begravningsplatsen   A 1

Nicht alle Berühmtheiten auf diesem Friedhof sind in den Plänen, die an den Eingängen hängen, eingezeichnet. Das schlichte Grabmal von Alfred Nobel befindet sich an dem runden Platz bei der Pforte 5. Das Dynamit machte ihn reich. Die prächigsten Grabmäler liegen auf Lindhagens Kulle (Hügel), Kvarter (Parzelle) 21. Hier ist auch der Altertumsforscher Oscar Montelius beigesetzt. Sein Grab ist einem eisenzeitlichen Ganggrab nachempfunden. Der Kaufhausbesitzer Paul Urban Bergström (PUB) hat nicht weit davon ein Mausoleum. Den Dichter August Strindberg finden Sie in Kvarter 13 A, den Polarforscher Andrée (riesiges Denkmal) in Kvarter 15 E.

Die Literaturnobelpreisträgerin Nelly Sachs (1891–1970) sowie der Dramatiker und Autor des Romans »Die Ästhetik des Widerstands« (Schauplatz ist teilweise Stockholm), Peter Weiss (1916–1982), liegen auf dem jüdischen Teil des Friedhofs begraben. Nelly Sachs, der auf Vermittlung von Selma Lagerlöf noch im Jahr 1940 die Flucht von Berlin nach Stockholm gelang, schrieb in einem ihrer Gedichte: »Ein Fremder hat immer seine Heimat im Arm wie eine Waise, für die er vielleicht nichts als ein Grab sucht.« Ein von einer Halbkugel gekrönter Pfeiler ist das Grabmal des Stummfilmregisseurs Mauritz Stiller, mit dessen Film »Gösta Berlings Saga« Greta Garbo 1923 ihren Durchbruch erlebte.

Solna • Bus 59: Karolinska sjukhuset

Observatoriet   C 3

Auf dem Observatoriekullen hoch über dem Lärm von Sveavägen und Odengatan liegt die alte Sternwarte. Sie wurde 1753 eingeweiht, als das Interesse an Naturwissenschaften seinen Höhepunkt erreichte und seinen Niederschlag in so bekannten Namen wie Carl von Linné und Anders Celsius fand. Seit 1756 werden beim Observatorium täglich Wetterbeobachtungen durchgeführt. Einer der Temperaturwerte des Wetterberichts um 6.55 Uhr stammt von dort.

Vasastan • Drottninggatan 120 •
U-Bahn: Odenplan (c 3) • www.
observatoriet.kva.se

Östermalmstorg   E 4

Dieser zentral im noblen Stadtteil Östermalm gelegene Platz wird auf der einen Seite von der Östermalms Saluhall, einer Markthalle, die 1885 bis 1889 von dem Architekten des Nordischen Museums, Isak Gustaf Clason, errichtet wurde, und auf der anderen Seite von der Hedvig Eleonora kyrka begrenzt.

Die gelb gestrichene barocke Kirche wurde zwischen 1669 und 1737 von Jean de la Vallée und Göran J. Adelcrantz errichtet und nach der Frau von Karl X. Gustav benannt.

Östermalmstorg • U-Bahn: Östermalmstorg (d 3)

Riddarholmen   D 4

Die gotische **Riddarholmskyrka,** deren Anfänge ins 13. Jh. zurückreichen, ist das älteste Bauwerk auf Riddarholmen. Ursprünglich als Klosterkirche für die Franziskanermönche geplant, wurde sie seit Gustav II. Adolf als königliche Grabkirche genutzt. Er selbst ruht hier in einem italienischen Marmorsarko-

⭐ MERIAN Tipp

STADSBIBLIOTEKET   📖 C 3

Über einem quadratischen Block erhebt sich ein Zylinder, den man von unten durch eine gerade Treppe betritt (eine Fortsetzung der großen Freitreppe). An den Wänden des Zylinders stehen die Bücherregale, in der Mitte können die Benutzer die Bücher an Automaten selbst ausleihen. ▸ S. 16

phag in der Gustavianischen Grabkapelle rechts vom Altar. Der Baumeister des Schlosses Nicodemus Tessin d. Ä. entwarf den Plan für die barocke Grabkapelle Karls X. links vom Altar (Baubeginn im Jahr 1675). Heute dient die Kirche nur noch als Museum (Mitte Mai–Aug. Mo–Sa 10–16, Sept. Sa, So 12–15 Uhr). Auf dem Platz vor der Kirche, dem Birger Jarls torg, steht eine Statue von Stockholms Gründer Birger Jarl. In dem Roman »Die Krone von Götaland« erzählt der prominente Stockholmer Journalist (»Aftonbladet«) Jan Guillou von der Jugend von Birger Jarl und den Ereignissen, die zur Gründung Stockholms führen.

Im **Wrangelska palatset** am Westende des Platzes wohnte die königliche Familie nach dem Schlossbrand im Jahr 1697. Zum Wasser hin ist in den Palast ein Befestigungsturm aus der Zeit Gustav Wasas integriert. Hier befindet sich auch eine große Aussichtsterrasse, auf der im Sommer Erfrischungen serviert werden. Hier ist es bei Weitem nicht so überlaufen wie in Gamla Stan.

Ein weiterer Befestigungsturm aus der Zeit Gustav Wasas erhebt sich

am Nordende von Riddarholmen. Lange wurde irrtümlich angenommen, er stamme aus der Zeit der Gründung Stockholms, daher auch sein Name: Birger Jarls Torn.
Insel westlich der Gamla Stan, über die Riddarholmsbron oder die Unterführung an der U-Bahn Gamla Stan zu erreichen • U-Bahn: Gamla Stan (c 4)
Riddarholmskyrkan: Mitte Mai–Mitte Sept. 10–17 Uhr • Eintritt 50 SEK, Kinder 25 SEK

Riddarhuset   📖 D 5

Im Ritterhaus trat früher der schwedische Adel zusammen. Der barocke Prachtbau aus dem 17. Jh. gilt als eines der schönsten Bauwerke Skandinaviens. Der Baumeister war der Franzose Simon de la Vallée. Als dieser 1642 bei einem Duell auf dem Stortorg erstochen wurde, setzte u. a. sein Sohn Jean das Werk fort. Vor dem Gebäude steht das erste öffentliche Denkmal Schwedens: Die Statue Gustav Wasas von Pierre L'Archevêque wurde 1773 enthüllt. Der Ritterstand trat zuletzt 1865 zusammen, aber auch heute noch dient das Ritterhaus dem schwedischen Adel.
Gamla Stan • Riddarhustorget 10 • U-Bahn: Gamla Stan (c 4) • www.riddarhuset.se • Mo–Fr 11–12 Uhr • Eintritt 60 SEK, Kinder 10 SEK

Riksdagen   📖 D 5

Der schwedische Reichstag residiert in zwei auf Helgeandsholmen gelegenen Gebäuden, die im historisierenden Baustil um die Jahrhundertwende errichtet wurden. Das westliche beherbergte ursprünglich die Reichsbank. Die Ostfassade des Reichstags ist mit Skulpturen ge-

schmückt. Darunter sind die vier Stände abgebildet: Adel, Geistlichkeit, Bürger und Bauern. Die beiden Medaillons darunter zeigen Gustav Wasa und Gustav II. Adolf.
Zu besichtigen sind das bombastische Treppenhaus und die prächtigen Sitzungssäle, außerdem die Garderobe aus der Zeit nach der Jahrhundertwende mit Platz für die Galoschen der Reichstagsabgeordneten. Der Reichstag unterhält in der Storkyrkobrinken 7 ein Informationszentrum (Mo–Do 10–17, Fr 10–15 Uhr).
Helgeandsholmen • U-Bahn: T-Centralen (c 3) • www.riksdagen.se • Kostenlose Führungen Sept.–Anfang Juni Sa, So 13.30, Mitte Juni–Aug. Mo–Fr 12, 13, 14 und 15 Uhr (englisch)

Rosenbad   D 5
In dem Jugendstilgebäude von Anfang des 20. Jh., das dem Reichstag direkt gegenüberliegt, befindet sich heute der Amtssitz des Staatsministers.
Strömgatan 22–24 • U-Bahn: T-Centralen (c 3) • www.regeringen.se • nicht öffentlich zugänglich

Rosendals slott   H 4
Das erste und vermutlich einzige Fertighaus-Schloss der Welt (aus mit verputztem Backstein verkleideten Holzteilen). Es wurde 1823 bis 1827 von dem Festungsbaumeister Fredrik Blom für Karl XIV. Johan und seine Frau Desirée erbaut. Eingerichtet ist das Schloss im Empirestil, das Esszimmer ist dem Zelt eines Feldmarschalls nachempfunden.
Djurgården • Rosendalsvägen • Straßenbahn 7: Skansen • www.kungahuset.se • Juni Aug. Di–So Führungen um 12, 13, 14 und 15 Uhr,

Mai und Sept. nur Sa und So • Eintritt 100 SEK, Kinder 50 SEK

Rosersberg slott   ▶ S. 107, b 2
Das Barockschloss wurde Anfang des 17. Jh. für den Reichsschatzmeister Gabriel Bengtsson Oxenstierna errichtet und befindet sich seit 1762 im Besitz des Königshauses. Anfang des 19. Jh. erhielt das Schloss eine neuklassizistische Einrichtung. Besonders sehenswert ist das Schlafzimmer Karls XIV. Johan im Empirestil. Rosersberg ist das erste königliche Schloss, in das Sie sich einmieten können. Seit 2008 wird ein Teil des Gebäudes als Hotel genutzt (Rosersberg Hotell).
Rosersberg • Pendeltåg bis Rosersberg, von dort 2 km zu Fuß • www.kungahuset.se • Juni–Aug. Führungen (stdl.) Di–So 11–16 Uhr • Eintritt 100 SEK, Kinder 50 SEK

Saltsjöbaden 👥   ▶ S. 107, c 3
Der Ort wurde als Sommerfrische für die Reichen ab 1891 von dem Bankier Knut A. Wallenberg angelegt und bereits 1893 durch eine Bahnlinie mit Slussen und der Stockholmer Innenstadt verbunden. Aus der Zeit, in der Saltsjöbaden ein mondäner Badeort war, sind das Grand Hôtel und das Kallbadhus, das Freibad, erhalten geblieben. Der Architekt des Hotels, Erik Josephson, hatte sich von amerikanischen Vorbildern inspirieren lassen. Das **Kallbadhus** auf dem Restaurangholmen wurde vom Architekten des Stockholmer Stadions Torben Grut 1925 entworfen, das Badehaus für Damen datiert bereits von 1913. Es ist eine der ganz wenigen Einrichtungen dieser Art in Schweden, die noch in Betrieb sind.

An der Saltsjöpromenaden am Hotel vorbei liegen die Villen der Reichen aus dem späten 19. Jh. In der Villa Lugnet, Hausnummer 8, entworfen von Ferdinand Boberg, lebte der Maler Isaac Grünewald. Boberg entwarf auch die Kirche, die **Uppenbarelsekyrka** (Offenbarungskirche), die Wallenberg dem Ort zu seinem 60. Geburtstag 1913 schenkte. Die Fresken im Innenraum von Olle Hjortzberg zeigen an der Ostwand Wallenberg, Boberg und den Künstler. Das Bronzeportal, den großen Altar aus weißem Carraramarmor und den Taufstein schuf der Bildhauer Carl Milles.

Saltsjöbaden • Bahn: Saltsjöbanan (ab Slussen) bis Endstation – Kallbadhus: www.saltisbadet.se • im Sommer nur bei schönem Wetter tgl. 8.30–18 Uhr • Eintritt 60 SEK, Kinder 30 SEK – Uppenbarelsekyrka: tgl. 8– 16.30 Uhr

Sankta Eugenia kyrka   ▮▮▮ E 3

Die älteste, 1783 gegründete katholische Gemeinde Stockholms hat ihren Sitz in einem stattlichen gründerzeitlichen Gebäude von 1887 am Kungsträdgården. Die Kirche ist modern und wurde 1982 von Jörgen Kjaergaard auf dem Hofgrundstück erbaut.

Norrmalm • Kungsträdgårdsgatan 12 • U-Bahn: Kungsträdgården (d 3) • www.sanktaeugenia.se

Sergels torg   ▮▮▮ C 4

Auf dem zentralen Platz der Stadt kreuzen sich Fußgängerströme, Straßen und U-Bahnen. Beherrscht wird der Platz, wie in der Stadtplanung der 60er-Jahre üblich, von den Autos, die Fußgänger sind ins Untergeschoss, in die Sergelarkaden und auf den großen Platz vor dem Haupteingang des Kulturhauses verbannt. Letzterer heißt im Volksmund jedoch nur Plattan (die Platte) und ist seit Jahrzehnten als Drogenumschlagplatz verrufen. Vom Fußgängergeschoss aus die Unterseite des mit runden Fenstern versehenen Bassins zu sehen, das den Mittelpunkt des Kreisverkehrs bildet. In dem Bassin ragt ein 37,5 m hoher Obelisk aus Glas auf, der »Kristallvertikalakzent« von Edvin Öhrström aus dem Jahre 1974.

Norrmalm • U-Bahn: T-Centralen (c 3)

Skeppsholmen 🚻   ▮▮▮ E 5

Diese Gamla Stan gegenüberliegende Insel war bis 1969 Flottenstützpunkt. In den historischen Gebäuden der Marine befinden sich heute das **Moderna museet** (▸ S. 85), das **Arkitekturmuseet** (▸ S. 85) und das **Östasiatiska museet** (▸ S. 87). Die Skeppsholmsbron, die die Insel mit Blasieholmen verbindet, wurde 1859 bis 1860 errichtet. Östlich davon erhebt sich die in den Jahren von 1824 bis 1842 nach Plänen von Fredrik Blom erbaute achteckige Skeppsholmskyrkan.

U-Bahn: Kungsträdgården (d 3)

Skogskyrkogården   ▮▮▮ E 6

Der Waldfriedhof im Süden der Stadt ist im Jahr 1994 in die UNESCO-Liste des Weltkulturerbes aufgenommen worden. Er wurde 1917 bis 1920 angelegt. Die **Waldkapelle**, ein Holzbau mit einer riesigen offenen Vorhalle von Asplund, wurde 1920, die Auferstehungskapelle, ein klassizistischer Steinbau mit Säulenvorhalle von Lewerentz, 1925 eingeweiht. Das Kre-

Eines der Wahrzeichen der Insel Skeppsholmen (▶ S. 70) ist das Segelschiff Af Chapman, das im Hafen vertäut ist. Es dient heute als Jugendherberge (▶ S. 23).

matorium entstand ebenfalls nach Plänen von Asplund.

Zu Fuß von der Tunnelbana aus erreicht man zuerst das Krematorium, danach wird es schwer, sich zu orientieren: Das Areal ist riesig. Man darf jedoch mit dem Fahrrad oder dem eigenen Wagen das Gelände befahren. An den Wochenenden verkehrt auch ein Bus.

Enskede • U-Bahn: Skogskyrkogården (d 5)

Skoklosters slott ▶ S. 107, b 2

Der Reiz dieses Anwesens besteht darin, dass es seit dem 17. Jh. so gut wie unverändert ist. Barocke Prachtentfaltung lässt sich im Original bestaunen. Bauherr war der Feldmarschall Carl Gustaf Wrangel, der sein Vermögen im Dreißigjährigen Krieg unter Gustav II. Adolf erworben hatte. Vorbild war das Sommerschloss der polnischen Könige Ujaz-

dow bei Warschau. Der Bau kam 1676 nach 23 Jahren zum Erliegen, seither ist die Tischlerwerkstatt unverändert geblieben. Auch der 300 qm große Bankettsaal, einer von 72 Räumen des Schlosses, wurde nie fertiggestellt. Er wird heute für Konzerte genutzt.

Das erste Stockwerk war der Herrschaft vorbehalten. Hier ist die Einrichtung vollständig erhalten: beispielsweise Bodenfliesen aus Kalkstein, Ledertapeten mit Golddruck, Gobelins, offene Kamine mit hölzerner, geschnitzter Umrahmung und Kachelöfen.

Die gotische Backsteinkirche aus dem 13. Jh., der das Anwesen seinen Namen verdankt (Skogkloster bedeutet Kloster im Wald), gehörte ursprünglich zu einem Zisterzienser-Nonnenkloster. Die Ausstattung der Kirche besteht aus einem romanischen Triumphkreuz und einer romanischen Madonna. Altar (frühes 17. Jh.) und Kanzel (1612) sind Kriegsbeute aus dem Kloster Oliva bei Danzig. An der Südseite des Chores liegt die in den Jahren 1633 bis 1639 errichtete Grabkapelle der Wrangel.

Skokloster, am Mälaren, nordwestlich von Stockholm • Pendeltåg nach Bålsta (a 1), von dort Bus 894 • www. skoklossersslott.se • Mai–Mitte Juni, Sept. Sa, So 12–16 Uhr, Mitte Juni–Aug. tgl. 11–17 Uhr • Eintritt 90 SEK (mit Führung 130 SEK), Kinder frei

Solna kyrka A 1

Rundkirchen gibt es nicht nur auf der Ostseeinsel Bornholm, sondern auch am Stadtrand von Stockholm (neben Solna auch in Bromma und auf Munsö).

Diese Rundkirchen waren in früheren Zeiten nicht nur Gotteshäuser, sondern auch Verteidigungsanlagen.

Die um 1180 erbaute Solna kyrka war ursprünglich die Gemeindekirche von ganz Stockholm bis hin nach Sickla und Lidingö. Die Gewölbe wurden im 15. Jh. von dem aus dem hessischen Immenhausen stammenden Albertus Pictor ausgemalt.

Dargestellt ist ein junger Mann auf dem Totenbett, der von den Mächten des Himmels und der Hölle aufgesucht wird. Albertus Pictor wird auch die Holzskulptur des heiligen Martin zu Pferde (des Schutzpatrons Solnas) zugeschrieben.

Solna • Prostvägen 14 • Bus 59: Karolinska sjukhuset • www.svenska kyrkan.se/solna • So 14–16 Uhr

Stadion E 2

Die Arena für 27 000 Zuschauer wurde 1910 bis 1912 für die fünften Olympischen Sommerspiele erbaut. Das Deutsche Reich errang damals fünf Gold-, 13 Silber- und sieben

Das Rathaus der schwedischen Hauptstadt, das Stadshuset (▶ S. 73) mit dem dominierenden Eckturm, ist Sitz der Stadtregierung und des Stadtparlaments.

Bronzemadaillen. Von außen erinnert das Gebäude an eine mittelalterliche Stadtmauer. Im Park beim Stadion stehen zahlreiche Bronzeskulpturen von Sportlern.

Östermalm • Valhallavägen 95 • U-Bahn: Stadion (d 3) • Besichtigung bei Konzerten oder bei Spielen der Elf der Djurgården IF

Stadshuset   C 5

Das Rathaus von Stockholm, heute Wahrzeichen der Stadt, wurde 1911 bis 1923 von Ragnar Östberg auf dem Ostzipfel von Kungsholmen errichtet. Insgesamt wurden 9 Mio. Ziegel verbaut, 2 Mio. davon handgefertigt. Das Rathaus hat zwei Innenhöfe, einer davon ist überdacht: In diesem sogenannten **Blauen Saal** findet jedes Jahr am 10. Dezember in Anwesenheit des Königs der Empfang der Nobelpreisträger statt. Berühmt ist auch der **Goldene Saal** mit einem riesigen Mosaik von Einar Forseth, das die Mälarkönigin zeigt. Das Stadshuset ist nur im Rahmen einer Führung zu besichtigen.

Von dem 106 m hohen **Turm**, der von den drei Kronen des Reichswappens gekrönt wird, hat man einen wunderbaren Blick auf die Stadt. An der Ausschmückung des Bauwerks wirkten die bedeutendsten Künstler der Zeit mit.

Kungsholmen • Hantverkargatan 1 • U-Bahn: T-Centralen (c 3) • www. stockholm.se/cityhall • Führungen (stdl.) tgl. 10–14 Uhr • Ticket 100 SEK, Kinder 40 SEK

Steninge slott   ▶ S. 107, b 2

Der gelbe Barockpalast wurde in den Jahren 1694 bis 1698 vom Architekten des Königs Nicodemus Tessin d. J. für den königlichen Rat Carl Gyllenstierna errichtet. Es gilt als das schönste Barockschloss in Uppland und wird für Ausstellungen genutzt. In einem hübschen Stallgebäude aus Ziegel und Granit aus dem Jahr 1873 befindet sich ein Kulturzentrum mit Glasbläserei.

Märsta • Pendeltåg nach Märsta, von dort Bus 580 nach Östra Steninge, Haltestelle Tellusgatan (von dort 2 km zu Fuß) • www.steningeslott. com • Mo–Fr 11–18, Sa, So 10–17 Uhr, das Kulturzentrum ist das ganze Jahr zu diesen Zeiten geöffnet

Storkyrkan St. Nikolai   D 5

Die »große Kirche«, die auf das 14. Jh. zurückgeht, hat mehrfach Umbauten mitgemacht. Kapellen wurden angebaut, Gewölbe erweitert und der Turm aufgestockt. Um 1740 erhielt das gotische Bauwerk eine Barockfassade, um besser mit dem neu erbauten Schloss zu harmonieren.

Im nördlichen Seitenschiff steht die Plastik des hl. Georg mit dem Drachen (1489), die von Reichsverweser Sten Sture d. Ä. und seiner Frau beim Lübecker Bildschnitzer Bernt Notke in Auftrag gegeben wurde, um an die Niederlage des dänischen Königs Christian 1471 am Brunkebergås (heute etwa Kungsgatan) zu erinnern. In der Storkyrkan haben am 19. Juni 1976 König Carl XVI. Gustav und Silvia Sommerlath geheiratet und 34 Jahre später ihre Tochter Kronprinzessin Victoria und Daniel Westling.

Gamla Stan • Slottsbacken • U-Bahn: Gamla Stan (c 4) • tgl. 9–16, im Sommer bis 18 Uhr • Führungen Juni– Aug. tgl. 10, 11, 12, 13, 15 und 16, Sept.–Mai tgl. 10 und 12 Uhr (englisch) • Ticket 40 SEK, Kinder frei • Turmbesteigung Juni–Aug. tgl. 9–17, Sept. tgl. 9–16, April Sa, So 10–16,

Mai tgl. 9–16 Uhr • Eintritt 30 SEK, Kinder frei

Storkyrkobadet 👫   📖 E 4

Der Besuch in diesem Bad im Keller unter der estnischen Schule gleicht einer Zeitreise. Hier können noch wie in früheren Zeiten Wannenbäder genommen werden. Bassin und Sauna gibt es jedoch auch, ebenso eine Schwimmschule für Kinder.
Gamla Stan • Svartmangatan 20–22 • U-Bahn: Gamla Stan (c 4) • www.stor kyrkobadet.se • tgl. 17–20.30 Uhr (während der Schulferien geschl.), Herren Di, Fr und So, Damen Mo und Do • Eintritt 50 SEK

Synagogan   📖 E 4

Die große Synagoge wurde 1861 bis 1870 von Fredrik Wilhelm Scholander in historisierend-orientalischem Stil erbaut. »Nachdem so viele dieser Gebäude in Europa während der Hitlerzeit zerstört worden sind, ein besonders wertvolles Zeugnis des jüdischen Kultbaues des 19. Jahrhunderts«, schrieb der Kunsthistoriker Rudolf Zeitler. Ein Denkmal im Freien erinnert an die Opfer des Holocaust.
Norrmalm • Wahrendorffsgatan 3 • U-Bahn: Kungsträdgården (d 3) • www.jfst.se

Tullgarns slott   ▶ S. 107, südl. b 4

Das Schloss an der Ostsee war bis 1950 königliche Sommerresidenz. Eine 2 km lange Lindenallee führt auf das 1720 bis 1727 für Magnus Julius de la Gardie errichtete Gebäude zu. Anfang des 19. Jh. wurde im Stil des Neoklassizismus umgebaut. Aus dieser Zeit stammt das große Schlafzimmer, das von Jean-Baptiste Masreliez ausgestattet und mit Greifen und Sphinxen dekoriert wurde. Das Frühstückszimmer, eingerichtet im Stil der süddeutschen Neorenaissance, geht auf König Gustaf V. und seine Ehefrau Victoria von Baden zurück, die ab 1881 im Schloss residierten. Der englische und barocke Park ist außerordentlich weitläufig. Das kleine Palais Bellevue (an der Einfahrt) ließ Prinz Fredrik Adolf, der jüngere Bruder von Gustav III., Ende des 18. Jh. für seine Geliebte, die Schauspielerin Sophie Hagmann, errichten.
Südlich von Södertälje • Pendeltåg nach Södertälje Hamn, dann Bus 702, die Allee ist zu Fuß zu bewältigen • www.kungahuset.se • Führungen (stdl.) Juni–Aug. Di–So 11–16, Sept. Mo–So 11–15, Mai Mo. 11–15, So 11–16 Uhr, Juni–Aug. 11 u. 15 Uhr (engl.) • Ticket 100 SEK, Kinder frei

Tyska kyrkan   📖 D/E 5

Im 17. Jh. war der Baumeister des Schlosses Nicodemus Tessin d. Ä. Mitglied der deutschen Gemeinde. Tessin entwarf im Jahr 1672 die verglaste Loge für Hedvig Eleonora, die Witwe des Königs Karl X. Gustav. Hedvig Eleonora war die Tochter von Herzog Friedrich III. von Schleswig-Holstein-Gottorf und Maria Elisabeth von Sachsen. Die Orgel ist eine Rekonstruktion einer Barockorgel von 1608 und wird vom Organisten der Kirche Dr. Michael Diercks virtuos gespielt. Anfang Juni finden in der Kirche Konzerte des Stockholm Early Music Festival statt, in den Sommermonaten Konzerte jeden Mittwoch um 18 Uhr.
Gamla Stan • Svartmangatan/Ecke Tyska Brinken • U-Bahn: Gamla Stan (c 4) • www.svenskakyrkan.se/ deutschegemeinde • Mitte Sept.–Ap-

In der Tyska kyrkan (▶ S. 74), der »Deutschen Kirche«, in der Altstadt Gamla stan werden die Gottesdienste in deutscher Sprache abgehalten.

ril Mi, Fr, Sa 11–15, So 12–15, Mai–Mitte Juni tgl. 11–15, Mitte Juni–Mitte Aug. tgl. 10.30–16.30, Mitte Aug.–Mitte Sept. tgl. 11–15 Uhr

Ulriksdals slott   📖 C 1

Das Schloss Ulriksdal geht auf ein Bauwerk zurück, das der Feldherr Jakob de la Gardie in der ersten Hälfte des 17. Jh. errichten ließ. Später erwarb es die Königinwitwe Hedvig Eleonora. In diese Zeit fällt der barocke Umbau durch den Schlossarchitekten Nicodemus Tessin d. Ä., dessen Sohn die Orangerie baute. Im Jahr 1923 wurde das Schloss ein letztes Mal umgebaut, für den Kronprinzen, den späteren Gustav VI. Adolf. Das Ulriksdals slott dokumentiert Wohnkultur des frühen 20. Jh. Der Salon des Königs wurde von Carl Malmsten gestaltet. Bergshamra, Solna • U-Bahn: Bergshamra (d 2), zu Fuß 20 Min. oder Bus 503: Ulriksdals Wärdshus • www.kungahuset.se • Führungen Juni–Aug. Di–So 12–16 Uhr • Eintritt 100 SEK, Kinder frei

Museen und Galerien

Stockholms über 50 Museen besitzen ausgezeichnete Sammlungen aller Art, seien es nun königliches Porzellan, gesunkene Schiffe, Bronzeskulpturen oder monumentale Plastiken.

◄ Im Nobelmuseet (▸ S. 86) lässt sich die Geschichte des 20. Jh. anhand der Nobelpreise verfolgen.

Dank der Sammelleidenschaft der Regenten, großzügiger Schenkungen kunstsinniger Bürger und dem im vorigen Jahrhundert erwachten Interesse an Geschichte kann Stockholm sich heute als Museumshauptstadt präsentieren: Sie verfügt über mehr Museen als jede andere Stadt vergleichbarer Größe, insgesamt über 50, von denen wir Ihnen hier nur einige vorstellen können.

Das **Nationalmuseum** besitzt eine ausgezeichnete Sammlung französischer Malerei des 18. Jh. Im **Historiska museet** sind es die Schätze aus den Wikingergräbern, die großes Interesse beanspruchen. Im **Sjöhistoriska museet** nimmt der eine oder andere vielleicht das Modell einer Dampfmaschine für ein Torpedoschnellboot als bleibende Erinnerung mit nach Hause. Und wer sich für Technik interessiert, hat es nicht weit: Das **Tekniska museet** liegt im Nachbargebäude.

Für fast jedes Interessengebiet gibt es mehrere Museen: Kunstfreunde können nach dem Nationalmuseum noch das **Moderna museet** besuchen sowie zwei große ehemalige Privatsammlungen: **Thielska galleriet** und **Prins Eugens Waldemarsudde**. Hier hängen Werke der Maler, die skandinavische Kunst in aller Welt zu einem Begriff gemacht haben: Carl Larsson, Anders Zorn und Edvard Munch. Wer sich über Volkskunst informieren will, flaniert vom Historiska museet ein paar Schritte den Narvavägen entlang über die Djurgårdsbro und ist direkt beim **Nordiska museet** und bei **Skansen**.

Einige Museen sind einzelnen Künstlern gewidmet: Das **Strindbergmuseet** erinnert an den Erneuerer des europäischen Dramas, das **Carl Eldhs Ateljémuseum** und der **Millesgården** an zwei der bedeutendsten Bildhauer Schwedens.

Zahlreiche Museen und Sehenswürdigkeiten sind montags geschlossen und haben im Frühjahr, Herbst und Winter eingeschränkte Öffnungszeiten. Oftmals haben Jugendliche freien Eintritt, für Senioren gibt es Ermäßigungen.

Die Anschaffung der Kulturarvskort lohnt sich, wenn Sie viele Museen besuchen wollen. Ein guter Rat: Nehmen Sie sich bei Ihrem ersten Museumsbesuch eines der aktuellen Faltblätter (»Stockholmsmuseer«) mit den Öffnungszeiten sämtlicher Stockholmer Museen mit. Diese ändern sich wirklich dauernd! Auf der Internetseite www.stockholmsmuseer.com finden Sie die Links zu allen Museen.

MUSEEN

ABBA-museet   F 5

Nach langem Hin und Her bekam Stockholm endlich im Mai 2013 sein ABBA-Museum. Es ist im zweiten Kellergeschoss des Melody Hotels auf Djurgården untergebracht und nur Leuten zu empfehlen, die nicht an Klaustrophobie leiden. Anschaulich und anhand vieler Exponate wird die kometenhafte Karriere der vier Musiker, Benny Andersson aus Stockholm, Anni-Frid (Frida) Lyngstad aus Eskilstuna, Björn Ulvaeus aus Västervik in Småland und Agnetha Fältskog aus Jönköping, die zeitweilig auch verheiratet waren, dargestellt. Die an das Museen angeschlossene Swedish Music Hall of

Fame informiert darüber hinaus über andere bedeutende schwedische Musiker und Bands wie Monica Zetterlund und Roxette.
Djurgården • Djurgårdsvägen 68 • Straßenbahn: Gröna Lund (F 10) • www.abbathemuseum.com • Mo, Di, Sa, So 10–18, Mi–Fr 10–20 • Eintritt 195 SEK, Kinder 50 SEK (nur in Begleitung eines Erwachsenen)

Almgrens Sidenväveri och museum  E 6

Die Seidenweberei ist eines der wichtigsten Industriedenkmäler in Stockholm. Die Weberei wurde im Jahr 1833 gegründet. Zu ihren besten Zeiten verfügte sie über 196 Webstühle und hatte 288 Angestellte. Einige Jahrzehnte im 19. Jh. war die Seidenweberei der größte Arbeitsplatz für Frauen in Stockholm. 1974 wurde die Produktion eingestellt. Für das Hauptgebäude von 1862 dienten die Seidenfabriken Lyons als Vorbild.
Södermalm • Repslagargatan 15 A • U-Bahn: Slussen (c 4) • www.kasiden. se • Mo–Fr 10–16, Sa 11–15 Uhr • Eintritt 75 SEK, Kinder frei

Aquaria Vattenmuseum 👫 F 5

In diesem kleinen Museum können Sie dem Verlauf eines Flusses von einer bergigen Regenwaldregion bis hin zum offenen Meer mit seinen Haien, Muränen und einem Korallenriff folgen. Begleitet werden Sie vom Rauschen eines Wasserfalls und dem Gesang tropischer Vögel. Nettes Café mit Lunchangeboten und schöner Aussicht über Stockholm.
Djurgården • Falkenbergsgatan 2 • Straßenbahn: 7 und Djurgårdsfärjan • www.aquaria.se • Mitte Juni–Aug. tgl. 10–18, Sept.–Mitte Juni Di–So 10–16.30 Uhr • Eintritt 100 SEK, Kinder 55 SEK

Eine Reise in die Vergangenheit: Bei einem Besuch im ABBA-museet (▶ S. 77) kann man gemeinsam mit Hologrammen der Künstler die alten Hits zum Besten geben.

Armémuseum ▮▮ E 4

Die Möbel aus Raoul Wallenbergs Büro bei der schwedischen Gesandtschaft in Budapest sind zu sehen. Im Nachbarzimmer wird über seinen Einsatz zur Rettung der Juden in Ungarn 1944 berichtet. 20 000 bis 30 000 schwedische Schutzpässe ermoglichten ihren Inhabern das Überleben.

Östermalm • Riddargatan 13 • U-Bahn: Östermalmstorg (d 3), Ausgang Sibyllegatan • www.armemu seum.se • Di 11–20, Mi–So 11–17 Uhr • Eintritt 80 SEK, Kinder frei

C. M. Bellman museet ▮▮ B 6

Carl Michael Bellman (1740–1795) ist nach wie vor Schwedens beliebtester Dichter. Seine respektlosen, fröhlichen und manchmal allzu realistischen Milieuschilderungen in Liedform werden immer wieder gerne vorgetragen und gelegentlich auch auf moderne Verhältnisse umgeschrieben.

In dem ehemaligen Haus eines Zollschreibers aus dem 17. Jh. können Sie sich mit Leben und Werk des bedeutenden Skalden in zeittypischer Umgebung vertraut machen. Im Garten, der im Stil des 17. Jh. angelegt ist, gibt's Kaffee.

Stora Henriksvik, Långholmen • U-Bahn: Hornstull (c 4), Bus 4: Högalidsgatan • www.storahenriksvik.se/ bellmanmuseet • Mai und Sept. Sa–So 11–17 Uhr, Juni–Aug tgl. 12–17 Uhr • Eintritt frei

Biologiska museet ▮▮ F 5

Das Museum ist auch weniger Naturinteressierten zu empfehlen: Der berühmte Tiermaler Bruno Liljefors (1860–1940) ist der Schöpfer der Kulisse, vor der die ausgestopf-ten Tiere in einer künstlichen Landschaft zu sehen sind.

Lejonslätten, Djurgården • Straßenbahn 7: Hazeliusporten • www. biologiskamuseet.com • April–Sept. tgl. 11–16, Okt.–März Di–Fr 12–15, Sa, So 11–15 Uhr • Eintritt 65 SEK, Kinder 25 SEK. Wenn Sie vorher den Skansen besucht haben: Eintritt frei

Birka ▶ S. 107, b 3

Wikingerstadt aus dem 8. und 9. Jh. mit damals etwa 700 Einwohnern. Heute ist sie Ausgrabungsgebiet und Museum, das inzwischen auf der Weltkulturerbeliste der UNESCO steht. Handwerker wie Kammmacher und Weber sorgten dafür, dass hier schwunghaft Handel getrieben wurde. Der Benediktinermönch Ansgar begann 830 in Birka mit der Christianisierung Schwedens. Im 10. Jh. wurde Birka zugunsten von Sigtuna aufgegeben.

Björkö im Mälarsee • Anfahrt mit dem Schiff ab Stadshusbron; die Fähren (www.stromma.se) fahren nur im Sommer (Mitte Mai bis Mitte Sept.) um 9.30 Uhr von Stadshusbron (zwischen Bahnhof und Stadshuset) und sind um 11.15 Uhr in Birka, zurück geht es um 14.45 Uhr (Ankunft Stadshusbron 16.45). Von Juli bis Mitte August gibt es auch noch eine Fähre um 13 Uhr (Rückfahrt um 18.15) • www. raa.se/birka • Eintritt 360 SEK, Kinder bis 11 Jahre 180 SEK (mit Bootsfahrt)

Bonniers konsthall ▮▮ B 4

Angehörige der Verlegerfamilie Bonnier, Eigentümer des größten schwedischen Verlages Albert Bonniers Förlag, der größten schwedischen Tageszeitung »Dagens Nyheter« sowie der deutschen Publikumsverlage Carlsen, Piper und

⭐ **MERIAN Tipp**

FOTOGRAFISKA   E 6

Das 2010 eröffnete private Museum hat sich der zeitgenössischen Fotografie verschrieben. Auf 2500 qm sollen jährlich vier große und bis zu 20 kleinere Ausstellungen stattfinden. Es war 2010 (nach Vasamuseet und Skansen) das meistbesuchte Museum in Stockholm!   ▶ S. 17

Ullstein haben im schwedischen kulturellen Leben immer als Mäzene eine große Rolle gespielt. Ihre neueste Initiative ist die Kunsthalle. In dem von Peter Celsing entworfenen Glasbau finden interessante wechselnde Ausstellungen statt. Im benachbarten Bonnier-Hochhaus (1946–1949), einem mit gelben Ziegeln verkleideten Betonbau, befindet sich die Bonnier-Konzernzentrale. Vasastan • Torsgatan 19 • U-Bahn: St. Eriksplan • www.bonnierskonsthall.se • Mi 12–20, Do–So 12–17 Uhr • Eintritt 80 SEK, Kinder frei

Carl Eldhs Ateljémuseum   C 1

In diesem Atelier arbeitete der Bildhauer Carl Eldh (1873–1954) über 30 Jahre lang. Hier sind die Gipsmodelle von fast allen Eldh-Skulpturen zu bewundern, u. a. die der verdienten schwedischen Künstler, die beim Stadshuset aufgestellt sind. Wegen des Baus des Norra-Länken-Tunnels bleibt das Museum bis auf Weiteres geschlossen.
Vasastan • Bellevueparken • Lögebodavägen 10 • Bus 46: Sveaplan, Roslagstull ab U-Bahn Odenplan (c 3) • www.eldhsatelje.se • Mai und Sept. Do–So 11–16, Juni–Aug. Di–So 11–16 Uhr • Eintritt 70 SEK, Kinder frei

Dansmuseet   D 4

Stockholm besitzt das einzige Tanzmuseum der Welt. Die beachtlichen Sammlungen, Kostüme, Bühnenbildentwürfe und -modelle, Programmzettel und Ähnliches mehr sind in wechselnden Ausstellungen zu sehen.
Die »ballets suédois« erfreuten sich in den 20er-Jahren des vergangenen Jahrhunderts Weltgeltung. Man arbeitete mit Künstlern wie Fernand Léger und Jean Cocteau zusammen. In jüngster Zeit waren es die Choreografien Birgit Cullbergs und Mats Eks, die Schweden internationales Renommee verschafften. Seit 2014 ist das Museum in einem ehemaligen Bankgebäude mit einer schönen Jugendstilfassade (Sundsvalls Handelsbank) aus dem Jahr 1906 untergebracht.
Norrmalm • Drottninggatan 17 • U-Bahn: T-Centralen (c 3) • www.dansmuseet.se • Di–So 11–17 Uhr • Eintritt 80 SEK, Kinder frei

Etnografiska museet   H 4

Das von Jan Gezelius entworfene und im Jahr 1980 erbaute Völkerkundemuseum ist für seine Museumslandschaften bekannt, die durch wechselnde Raumhöhen, durchdachte Beleuchtung und weitläufige offene Räume abwechslungsreich gestaltet sind.
Im Obergeschoss finden sich die Dauerausstellungen über Nord- und Zentralafrika, Indien, Nordamerika und die Mongolei sowie eine Ausstellung über Sven Hedin.
Ladurgårdsgårdet • Djurgårdsbrunnsvägen 34 • Bus 69: Museiparken • www.etnografiskamuseet.se • Di, Do–So 11–17, Mi 11–20 Uhr • Eintritt 80 SEK, Kinder Eintritt frei

Färgfabriken    A 6

Ein Gebäude von 1889, in dem früher Rasenmäher hergestellt wurden, dient heute als Ausstellungshalle für Avantgardekunst.
Liljeholmen • Lövholmsbrinken 1 • U-Bahn: Liljeholmen (c 4), mit der Tvärbana zum Trekanten • www.fargfabriken.se • Do 11–19, Fr–So 11–16 Uhr • Eintritt 60 SEK, Kinder frei

Forum för levande historia   D 5

Das Forum für lebendige Geschichte befasst sich in wechselnden Fotoausstellungen mit den Gräueln der Geschichte, z. B. dem Mord an den Juden in der Ukraine während des Zweiten Weltkriegs oder dem Massenmörder Pol Pot und seiner Verehrung durch die schwedische Linke.
Gamla Stan • Stora Nygatan 10 • U-Bahn: Gamla Stan (c 4) • www.levandehistoria.se • Mo–Fr 12–17, Sa 12–16 Uhr, Mi bis 20 Uhr • Eintritt frei

Gustavsbergs Porslinsmuseum   E 6

Das Keramikmuseum ist in den ehemaligen Fabrikhallen eingerichtet. Hier können Sie die Produkte der renommierten Gustavsberg-Porzellanmanufaktur von 1825 bis 1980 besichtigen. Im Sommer besteht zudem Gelegenheit, den Töpfern und Porzellanmalern bei der filigranen Arbeit zuzusehen.
Odelbergsvägen 5 B, Gustavsberg • Bus 424–440 ab Slussen (20 Min.) oder im Sommer mit dem Strömma Kanalbolag ab Nybrokajen • www.varmdo.se • Juni–Aug. Di–Fr 11–17, Sa–Mo 11–16, Sept.–Mai Di–Fr 10–16, Sa, So 11–16 Uhr • Eintritt 65 SEK, Kinder frei

Hallwylska museet   E 4

Der Privatpalast der Gräfin Wilhelmina von Hallwyl, der Erbin eines der größten Vermögen in Schweden,

Dauer- und Wechselausstellungen von Völkern aus aller Welt inklusive einem japanischen Teehaus werden im Etnografischen Museum (▶ S. 80) präsentiert.

wurde 1893 bis 1898 im historischen Stil von Isak Gustaf Clason errichtet. Er war mit für die damalige Zeit erstaunlichem Komfort ausgestattet: Zentralheizung, fließend kaltem und warmem Wasser, elektrischem Licht und Telefon. Ausgestellt sind u.a. chinesisches Porzellan, niederländische und altdeutsche Malerei. Östermalm • Hamngatan 4 • U-Bahn: Östermalmstorg (d 3), Bus 69, 55: Norrmalmstorg • www.hallwylska museet.se • Sept.–Mai Di, Do–Sa 12–16, Mi 12–19, Juni, Aug. Di–So 10–16 Uhr • Eintritt 100 SEK, Kinder frei

Historiska museet   F 4

Im Historischen Museum Stockholms befindet sich eine besondere Attraktion: **Guldrummet** ⭐. In einem Tresorgewölbe, das unter dem Museum in den Fels gesprengt wurde, sind – geheimnisvoll beleuchtet – schwere Goldgeschmeide (goldene Halskragen) aus dem 5. und 6. Jh. sowie kostbare Ringe, Armreife, Halsketten, Medaillons und Amulette ausgestellt, insgesamt über 50 kg Gold und 250 kg Silber. Östermalm • Narvavägen 13–17 • U-Bahn: Östermalmstorg/Karlaplan (d 3) • www.historiska.se • Juni–Aug. tgl. 10–18, Sept.–Mai Di–So 11–17, Mi bis 20 Uhr • Eintritt 100 SEK, Kinder frei

Isbrytaren & Fyrskeppet   F 5

Hier können Sie ins Innere der »Sankt Erik«, einem Eisbrecher von 1915, und der »Finngrundet«, einem Feuerschiff von 1903, schauen. Galärvarvspiren/Vasamuseet, Djurgården • Straßenbahn 7: Nordiska Museet oder Fähre ab Slussen • www.vasamuseet.se • Juli– Aug. Do–Di 10–17, Mi 10–20 Uhr • Eintritt frei

Judiska museet   C 3

In diesem kleinen Museum wird die Geschichte der schwedischen Juden dokumentiert. Vasastan • Hälsingegatan 2 • U-Bahn: Odenplan (c 3), Bus 53: Vasaparken • www.judiska-museet.se • So–Fr 12–16 Uhr • Eintritt 70 SEK, Kinder frei

Konstakademien   D 5

Während des Umbaus des Nationalmuseums finden hier Wechselausstellungen mit Werken überwiegend schwedischer Künstler aus den Beständen des Nationalmuseums statt. Norrmalm • Fredsgatan 12 • U-Bahn: T-Centralen (c 3) • www.konst akademien.se • Di–Fr 11–17, Sa, So 12–16 Uhr • Eintritt 100 SEK, Kinder (unter 21) frei

Konstnärshuset   E 4

Hier stellen eher etablierte schwedische Künstler aus. Östermalm • Smålandsgatan 7 • U-Bahn: Östermalmstorg (d 3) • www. konstnarshuset.com • Mi, Do 12–17, Fr–So 12–16 Uhr • Eintritt frei

Kungliga Myntkabinettet   E 5

Im königlichen Münzkabinett, einem der neuesten und modernsten Museen der Stadt, wird u. a. mit einer riesigen Sammlung von Spardosen die Tugend des Sparens gepriesen. Gamla Stan • Slottsbacken 6 • U-Bahn: Gamla Stan (c 4), Bus 2, 55: Slottbacken • www.myntkabinettet. se • tgl. 11–17 Uhr • Eintritt 70 SEK, Kinder frei, Mo frei

Liljevalchs konsthall   F 5

Die städtische Kunsthalle ist nach dem Grossisten und Stifter Carl Fredrik Liljevalch, dessen Porträt an der Nordwand des klassizisti-

Auch Andy Warhols Werke sind im Moderna museet (▶ S. 85) zu besichtigen.
Skulpturen im Außenbereich runden das kulturelle Angebot ab.

schen Gebäudes zu bewundern ist, benannt. Vor dem Eingang steht eine Granitsäule mit der Bronzeskulptur eines Bogenschützen von Carl Milles, der auch das Wolfsrelief über dem Portal schuf.
Es gibt wechselnde Ausstellungen, die wichtigste ist der Vårsalongen (Frühlingssalon), zu dem Tausende schwedischer Künstler ihre Werke einsenden. Aus diesen werden etwa 200 bis 300 ausgewählt und dann von Februar bis April ausgestellt. Originell!

Djurgården • Djurgårdsvägen 60 • Straßenbahn 7: Liljevalchs konsthall, Djurgårdsfärjan: Allmänna gränd, Bus 69: Djurgårdsfärjan • www.lilje valchs.com • Di, Do 11–20, Mi, Fr–So 11–17 Uhr • Eintritt 80 SEK, Kinder frei

Magasin 3 Stockholm Konsthall

D 3

Eine der führenden Adressen für Gegenwartskunst, untergebracht in einem Lagerhaus.
Frihamnen • Bus 1, 76: Frihamnen • www.magasin3.com • Do 11–19 und

Carl Bergsten entwarf die klassizistische Liljevalchs konsthall (▶ S. 82), die in grüner Umgebung auf Djurgården liegt. Vier große Ausstellungen finden hier jährlich statt.

Fr–So 11–17 Uhr, nur während der Ausstellungen geöffnet • Eintritt 80 SEK, Kinder frei

Medelhavsmuseet D 5

Ägyptische Mumien und zyprische Tempelschätze in der Halle und den Tresorgewölben einer früheren Bank. Die Zypernsammlung, bei Ausgrabungen in den Jahren 1927 bis 1931 zusammengekommen, zählt zu den bedeutendsten der Welt außerhalb von Zypern. Zu sehen sind u. a. etwa 1000 Terrakottafiguren unterschiedlicher Größe, die von dem Kultplatz Ajia Irini stammen. Sie sind in einem Halbkreis um einen heiligen Stein herum aufgestellt. Von dem orientalisch anmutenden Café mit ebensolchem zuckrigen Gebäck haben Sie einen sehr schönen Blick aufs Schloss.

Norrmalm • Fredsgatan 2 • U-Bahn: Kungsträdgården (d 3) • www.medelhavsmuseet.se • Di–Fr 12–20, Sa, So 12–17 Uhr • Eintritt 80 SEK, Kinder frei

Medeltidsmuseet D 5

Beim Bau einer Tiefgarage stieß man in den 1970er-Jahren auf die Grundmauern eines mittelalterlichen Spitals, des Heiliggeisthauses, sowie die Überreste eines Wehrturms. Um die Mauerreste herum wird das Mittelalter außerordentlich lebendig. Heute können sich die Besucher hier über die Geschichte Stockholms zu jener Zeit informieren.

Strömparterren, Norrbro • U-Bahn: Kungsträdgården (d 3) • www.medeltidsmuseet.stockholm.se • Di, Do–So 12–17, Mi 12–19 Uhr • Eintritt 100 SEK

Millesgården F 2

Atelier und Wohnhaus des Bildhauers Carl Milles (1875–1955) und seiner Frau, der Malerin Olga Milles.

Die meisten der monumentalen Plastiken sind im Freien auf weitläufigen Terrassen aufgestellt.

Auf der oberen Terrasse begegnen Sie den beiden »Tänzerinnen«, auf der mittleren dem beeindruckenden Antlitz Poseidons, das Ihnen vielleicht vom Poseidonbrunnen in Göteborg bekannt vorkommt, und dem Forschungsreisenden Sven Hedin auf einem Kamel. Die untere Terrasse wird von den Werken »Gottes Hand« und »Mensch und Pegasus« beherrscht.

Carl Milles väg 2, Lidingö • U-Bahn: Ropsten (d 3), von dort Bus 203 • www.millesgarden.se • Di–So 11–17 Uhr • Eintritt 150 SEK, Kinder frei

Moderna museet   E/F 5

Die Pläne für das Moderne Museum stammen von dem spanischen Stararchitekten Rafael Moneo. Erstmals kann jetzt die in den 1960er-Jahren zusammengekommene Sammlung klassischer Moderne in ihrer ganzen Breite gezeigt werden, beispielsweise Henri Matisse, »Paysage marocain« (Marokkanische Landschaft, 1912), Emil Nolde, »Blumengarten (Utenwarf)« von 1917 und das Porträt des dänischen Dichters Helge Rode, in dunklem Anzug vor gelber Tapete (1908), von Edvard Munch. In einem riesigen Saal hängt die »Bachsuite«, vier Monumentalgemälde des deutschen Künstlers Gerhard Richter von 1992 mit einem einzigartigen orange-grünen Kolorit.

Eine traumhafte Aussicht vom Café auf Strandvägen. In den ehemaligen Räumen des Modernen Museums, einer äußerst imposanten Exerzierhalle aus dem 19. Jh., ist das **Arkitektur- och Designcentrum** untergebracht. Die wichtigsten Werke der schwedischen Architektur lassen sich hier in Form von Modellen und Modellzeichnungen bewundern, beispielsweise die Engelbrektskyrkan, das Riddarhuset und die Hötorgsskraporna (die Wolkenkratzer am Hötorget) in Stockholm.

Skeppsholmen • U-Bahn: Kungsträdgården (d 3), Bus 65: Moderna museet • www.modernamuseet.se • Di, Fr 10–20, Mi–Do, Sa, So 10–18 Uhr • Eintritt 120 SEK, Kinder frei, Fr 18–20 Uhr freier Eintritt

– Arkitektur- och Designcentrum, Di 10–20, Mi–So 10–18 Uhr, www.arkdes.se, Eintritt 80 SEK (Kombiticket für beide Museen 180 SEK), Fr 16–18 Uhr freier Eintritt

Nationalmuseum   E 5

Das Museum für Kunst und Kunsthandwerk von ca. 1400 bis heute wurde in den Jahren 1846 bis 1866 nach Plänen des Architekten Friedrich August Stüler errichtet. Neben den königlichen Sammlungen beherbergt es auch die Sammlung von Druckgrafiken und Gemälden des Reichsrats und Botschafters in Paris. Vom Treppenhaus aus haben Sie einen wunderbaren Blick auf Strömmen und aufs Schloss. Die sechs großen Fresken mit Szenen aus der Geschichte Schwedens schuf Carl Larsson 1896. Mittelpunkt der

FotoTipp

MODERNA MUSEET

Von der Caféterrasse des Moderna museet lässt sich die Prachtstraße Stockholms, der Strandvägen, mit seinen reich verzierten Fassaden und den hier vertäuten historischen Schiffen ablichten.
▸ S. 85

Sammlungen bilden neun Gemälde von Rembrandt, von anderen europäischen Meistern finden sich meist nur einzelne Werke. Die Ikonensammlung ist eine der größten in Westeuropa.

Das Museum wird bis voraussichtlich 2017 renoviert, wobei der Charme des Stüler-Originalbaus wiederhergestellt werden soll, in etliche Räume, die bislang künstlich beleuchtet worden waren, wird wieder Tageslicht gelangen. Ausweichquartier ist die Kunstakademie (▶ S. 82). Norrmalm • Södra Blasieholmshamnen • U-Bahn: Kungsträdgården (d 3), Bus 65: Nationalmuseum oder Karl XIIs torg • www.nationalmuseum.se

Naturhistoriska Riksmuseet 👨‍👧

🕮 C 1

Das naturgeschichtliche Museum ist in einem imposanten Gebäude unweit der Stockholmer Universität untergebracht. Hier können Sie ausgestopfte Pinguine und Albatrosse bewundern und die Rufe von Walen u. a. hören. Außerdem: Mineralien und Fossilien aus aller Welt und einige Splitter Mondgestein.

Zum Museum gehört das Planetarium **Cosmonova**, das gleichzeitig ein Kino mit Riesenleinwand ist. Frescati • Frescativägen 40 (E 20 nördlich der Stadt) • U-Bahn: Universitetet (d 3), Bus 40: Naturhistoriska Riksmuseet • www.nrm.se • Di–Fr 10–18, Sa, So 11–18 Uhr • Eintritt 100 SEK, Kinder frei, Cosmonova: Eintritt 100 SEK, Kinder 50 SEK

Nobelmuseet

🕮 D 5

Jedes Jahr seit 1901 gerät das kleine Schweden am 10. Dezember in den Mittelpunkt allgemeinen Interesses: Dann empfangen die vier Nobelpreisträger (Physik, Chemie, Medizin und Literatur; den fünften Preis in Wirtschaftswissenschaften, der 1969 von der schwedischen Reichsbank gestiftet wurde, hatte Nobel nicht gewollt) am Todestag Alfred Nobels ihre Medaille aus der Hand des Königs. Der fünfte offizielle Nobelpreis (Frieden) wird in Oslo verliehen: Seinen schwedischen Landsleuten traute Nobel das nicht zu. Sie erwogen ernsthaft, gegen die Auflösung der Union mit Norwegen, die dann 1905 erfolgte, mit militärischen Mitteln vorzugehen. Dürftig an Exponaten, dafür umso reicher an Multimediaspektakeln. Gamla Stan • In der Börse, Stortorget • U-Bahn: Gamla Stan (c 4) • www.nobelmuseum.se • Sept.–Mai Di 11–20, Mi–So 11–17, Juni–Aug tgl. 10–20 Uhr • Eintritt 100 SEK, Kinder frei

Nordiska museet

🕮 F 4

Wenn Sie über die Djurgårdsbrücke zum Djurgården gehen, dann erhebt sich gleich rechts das pompöse Nordische Museum. Es wurde in den Jahren von 1889 bis 1907 nach einer Idee des Völkerkundlers Artur Hazelius, dem Begründer des Freilichtmuseums Skansen, und nach Plänen von Isak Gustaf Clason im Stil der sogenannten Wasa-Renaissance erbaut. Die Absicht von Hazelius war, den Schweden ihre eigene Kultur nahezubringen. So gruppieren sich die Ausstellungen um Themen wie »Schwedische Volkstrachten«, »Kultur der Samen (Lappen)« und »Skandinavische Volkskunst«. Im Inneren des Museums sehen Sie als Erstes im Entree das Standbild von Gustav Wasa, geschaffen von Carl Milles. Die wertvollste Sammlung des Museums sind die 16 Ölgemälde von

Das Nationalmuseum (▶ S. 85) ist Schwedens wichtigstes Museum für Kunst und Design. Im Hintergrund Carl Larssons Fresko »Gustav Wasas Einzug in Stockholm«.

August Strindberg. Besondere Beachtung verdienen die Puppenhäuser sowie eine umfassende Sammlung von Schuhen und Kleidung, in der sowohl Festgewänder als auch die Alltagskleidung vergangener Jahrhunderte gezeigt werden. Angeschlossen sind eine Bücherei und ein Restaurant, das typisch schwedische Gerichte serviert. Djurgården • Djurgårdsvägen 6–16 • Straßenbahn 7: Nordiska museet, Bus 69: Nordiska museet • www. nordiskamuseet.se • tgl. 10–17 Uhr

(Sept.–Mai Mi 10–20 Uhr) • Eintritt 100 SEK, Kinder frei, Mi ab 17 Uhr frei

Östasiatiska museet   E 5

Kleines, aber feines Museum, das eine große Auswahl an ostasiatischer Kunst, Porzellan, Tuschemalereien und buddhistischen Skulpturen präsentiert. Skeppsholmen • Tyghusplan • U-Bahn: Kungsträdgården (d 3) • www.ostasiatiska.se • Di 11–20, Mi–So 11–17 Uhr • Eintritt 80 SEK, Kinder frei

Polismuseet   📖 H 4

Uniformen, ein paar Polizeimotor-
räder und ein Polizeiauto, in dem Sie
Probe sitzen können. Außerdem
zwei unscheinbare Koffer, in denen
einmal eine zerstückelte Leiche lag.
Ladugårdsgärdet • Museivägen 7 •
Bus 69: Museivägen • www.polis
museet.se • Di–Fr 12–17, Sa, So 11–17
Uhr • Eintritt 60 SEK, Kinder frei

Postmuseum   📖 D 5

Nicht nur Wände voller Briefmar-
ken, sondern auch ein anschauliches
Bild davon, wie die Post früher trans-
portiert wurde: nämlich in Kut-
schen, Ruderbooten und Eisenbahn-
waggons.
Gamla Stan • Lilla Nygatan 6 •
U-Bahn: Gamla Stan (c 4), Bus 53, 3:
Munkbron • www.postmuseum.
posten.se • Mai–Aug. Di–So 11–16,
Sept.–April auch Mi 11–19 Uhr •
Eintritt 60 SEK, Kinder frei

⭐ Prins Eugens Waldemarsudde   📖 G 6

Nicht   weit   vom   königlichen
Sommerschlösschen Rosendal liegt
auf einer Halbinsel der Wohnsitz des
Malerprinzen Eugen (1865–1947).
Im Haupthaus sind die Gesell-
schaftsräume und das Atelier des
Prinzen zu sehen. 1913 wurde eine
Galerie angebaut, die die Kunst-
sammlung Prinz Eugens beherbergt.
Prins Eugens väg 6 • Straßenbahn 7:
Waldemarsudde • www.waldemars
udde.se • Di–So 11–17, Do 11–20 Uhr •
Eintritt 120 SEK, Kinder frei

Riksidrottsmuseet   📖 H 4

Die Geschichte des schwedischen
Sports von der Olympiade 1912 bis
heute wird hier dokumentiert. Für
Fans des schwedischen Sports sind
hier die Turnschuhe der schwedischen Hürdenläuferin Susanna Kal-
lur zu sehen, die 2008 den Weltre-

Das Freilichtmuseum Skansen (▶ S. 89) auf der Halbinsel Djurgården ist ein
besonders beliebter Platz, um den Mittsommertag bei einem Picknick zu genießen.

kord über 60 m aufstellte. Von der Sportlegende Björn Borg gibt es einen Tennisschläger und ein paar Turnschuhe und von Annika Sörenstam, die 2009 einem Parfüm (»Annika«) ihren Namen gab, eine Golftasche. Zu den älteren Stücken gehört der Badeanzug der Schwimmerin Selma Andersson von der Olympiade 1912.

Ladugårdsgärdet • Djurgårdsbrunnsvägen 26 • Bus 69: Museivägen • www.riksidrottsmuseet.se • Di–Fr 12–17, Sa, So 11–17 Uhr • Eintritt frei

Scenkonstmuseet　　　🏛 E 4

Das ehemalige Musik- und Theatermuseum im Gebäude der Kronobageriet, der Bäckerei des Militärs, aus dem 17. Jh., dem ältesten erhaltenen Industriegebäude in Stockholm, wird im Jahr 2016 als interaktives Museum für Bühnenkunst wiedereröffnet.

Östermalm • Sibyllegatan 2 • Bus 62: Nybroplan • www.musik verket.se

Sjöhistoriska museet　　　🏛 H 4

In dem klassizistischen Gebäude wird Ihnen die Geschichte der Seefahrt vermittelt: Sie können am Ruder des Australienseglers »Beatrice« stehen oder die zum Teil riesigen Schiffsmodelle bestaunen. Die schönsten Stücke des Museums sind das Heck und die Kajüte der im Jahr 1778 vom führenden Schiffsbauer der Zeit Fredric Henric af Chapman gebauten Lustjacht Gustavs III., des Schoners »Amphion«. In einem Saal im Obergeschoss hängen die Gemälde der Flaggschiffe der schwedischen Flotte aus der Zeit um 1900.

Ladugårdsgärdet • Djurgårdsbrunnsvägen 24 • Bus 69: Sjöhistoriska museet • www.sjohistoriska.se • Di–So 10–17 Uhr • Eintritt frei

⭐ Skansen 🧑‍🤝‍🧑　　　🏛 G 5

Das älteste Freilichtmuseum der Welt eröffnete im Jahr 1891. Für Idee und Planung war Artur Hazelius, der Gründer des Nordiska museet, verantwortlich. Benannt ist das Museum nach einer kleinen Festung mit Schanze (»skans«), die im 17. Jh. hier lag. Über 150 Gebäude wurden aus ganz Schweden herbeigeschafft und hier auf einem Areal von mittlerweile 300000 qm wieder aufgebaut: Zu sehen sind Bauernhöfe, Handwerker- und Arbeiterhäuser, zudem Herrenhöfe, Tagelöhnerkaten und Werkstätten. Sogar eine Schule, eine Kirche, eine Windmühle und auch eine Lappenhütte stehen auf dem Gelände.

Einige Höhepunkte: Unweit des Haupteingangs, der über eine Rolltreppe durch den Fels zu erreichen ist, liegt das **Stadskvarteret** (das städtische Viertel) mit Krämerladen, Bäckerei, Apotheke, Glasbläserei, Buchbinderei, Eisenwarenhandlung, Milchladen und Goldschmiede und vielem mehr. Im Sommer können Sie hier Handwerkern in historischer Kluft bei ihrer Arbeit zusehen.

Der **Moragård** ist ein prächtiges Beispiel der in Dalarna weit verbreiteten Blockhausarchitektur. Die Einzelgebäude dieses für die Wasa-Zeit typischen Bauernhofes sind um einen quadratischen Innenhof angeordnet.

Im nördlichen Teil von Skansen befindet sich der **Zoo** mit nordeuropäischen Tieren. Zu den Hauptattraktionen zählen die Elchfamilie, die

Rentiere, die Seehunde, die Wildschweine, die Wölfe und die Bären.

Ein paar Schritte weiter liegt der **Lillskansen** (Kinderskansen), ein Streichelzoo, wo Tier- und Menschenkinder sich kennenlernen (▸ S. 52).

In der **Seglora kyrka** aus Västergötland (um 1730), die innen ganz ausgemalt ist, wird immer noch gerne geheiratet. Nicht nur in dieser Hinsicht ist Skansen ein lebendiges Museum. Hier werden die wichtigsten schwedischen Festtage wie zum Beispiel Mittsommer und Walpurgisnacht (»Valborgsmässoafton«) nach alter Tradition begangen.

Djurgården • Djurgårdsslätten 49–51 • Straßenbahn 7: Skansen oder Fähre ab Slussen • www.skansen.se • Mai–Aug. tgl. 10–22 (die Häuser nur von 11–17 Uhr), Sept.–April bis 16 Uhr (die meisten Häuser sind dann nur am Wochenende geöffnet) • Eintritt 120 SEK, Kinder 60 SEK

Stadsmuseet 🏛 D 6

Das Stadtmuseum ist im ehemaligen Södra Stadshuset untergebracht. Hier können Sie u.a. Modelle des mittelalterlichen Stockholm und des Schlosses vor dem Brand von 1697 besichtigen. Hier ist auch der berühmte Lohe-Schatz zu sehen, den

⭐ MERIAN Tipp

VIN- & SPRITMUSEUM 🏛 F 5

Das Museum befasst sich mit den berühmten schwedischen Spirituosen (Akvavit und Absolut Wodka). Ausgestellt wird u. a. die 800 Werke umfassende »The Absolut Art Collection« (Andy Warhol, Keith Haring, Damien Hirst und Louise Bourgeois).　▸ S. 17

ein paar Arbeiter 1937 unter ein paar Dielenbrettern in der Altstadt fanden. 16 000 Silbermünzen und 87 Gegenstände (Geschirr und Besteck) aus Silber, insgesamt 300 kg, die der aus Jever in Ostfriesland stammende Kaufmann, Privatbankier und Besitzer einer Kanonenfabrik Johan Lohe, einer der damals reichsten Männer Schwedens, vor seinem Tod im Jahr 1704 versteckt haben muss.

Södermalm • Ryssgården, Södermalmstorg • U-Bahn: Slussen (c 4), Bus 55: Mälartorget • www.stadsmuseum.stockholm.se • Di–So 11–17, Do 11–20 Uhr • Eintritt 100 SEK, Kinder frei

Strindbergsmuseet 🏛 C 3

Im Jahr 1912 starb hier der Schriftsteller August Strindberg. Der blauen Farbe des Treppenhauses verdankt das Gebäude seinen Namen (»Blå Tornet« = Blauer Turm). Die Einrichtung der Wohnung ist schlicht und modern, da mehrere Scheidungen und Auslandsaufenthalte dazu führten, dass Strindberg nie größeren Besitz hatte anhäufen können.

Norrmalm • Drottninggatan 85 • U-Bahn: Rådmansgatan (c 3) • www.strindbergsmuseet.se • Di–So 12–16 Uhr • Eintritt 60 SEK, Kinder frei

Sven Harrys Konstmuseum 🏛 C 3

Die Kunstsammlung des Bauunternehmers Sven Harry Karlsson am Vasaparken wurde im Jahr 2011 eröffnet. Die Galerieräume in dem mit Goldblech verkleideten Gebäude sind seiner Privatvilla in Nacka nachgebildet. Zu sehen sind u.a. Werke von Carl Fredrik Hill und August Strindberg.

Wechselnde Ausstellungen im Tekniska museet (▶ S. 91) bringen den Besuchern die Welt der Technik näher. Die große Maschinenhalle ist das Herz des Museums.

Vasastan • Eastmanvägen 10 • U-Bahn: St. Eriksplan (c 3) • www.sven-harrys.se • Mi–Fr 11–19, Sa, So 11–17 Uhr • Eintritt 100 SEK, Kinder frei

Tekniska museet 👣👣   📖 H 4

Schwedens größtes technisches Museum zählt jedes Jahr über 200 000 Besucher. Es gibt verschiedene Abteilungen: von Bergbau über Polhems Modellkammer bis zur Technik in der Forstwirtschaft. Neueste Attraktion ist das einzige 4-D-Kino Schwedens, CINO4 (separater Eintritt: 70 SEK, Kinder 40 SEK). Die Modelleisenbahn von Uno Milton, im Jahre 1955 nach 3500 Arbeitsstunden und sieben Jahren fertiggestellt, wird Mo–Fr um 11 und 14 und Sa, Sa um 12 und 15 Uhr gezeigt. Im angeschlossenen Restaurant Stallet werden Kuchen und Snacks serviert. Ladugårdsgärdet • Museivägen 7 • Bus 69: Museiparken • www.tekniska museet.se • Mo–Fr 10–17, Sa, So 11–17, Mi 10–20 Uhr • Eintritt 120 SEK, Kinder 40 SEK

Tensta konsthall A 1

Galerie in einem der Vororte mit dem größten Migrantenanteil. Ausstellungen zu den Themen Identität, Culture Clash und Sexualität.
Tensta Centrum • Taxingegränd 10 • U-Bahn: Tensta • www.tenstakonst hall.se • Mi 12–21, Do, Fr 12–18, Sa, So 12–17 Uhr • Eintritt frei

Thielska galleriet K 5

Der Mäzen Ernest Thiel ließ in den Jahren 1904 bis 1905 diese Jugendstilvilla errichten. Heute sind hier Werke Carl Larssons, Bruno Liljefors, Edvard Munchs und Vilhelm Hammershöjs zu sehen. Es handelt sich um die größte Munch-Sammlung außerhalb Norwegens, u.a. das im Auftrag Thiels entstandene Porträt des Philosophen Friedrich Nietzsche von 1906.
Djurgården • Sjötullsbacken 6–8 • Bus 69: Blockhusudden • www. thielska-galleriet.se • Di–So 12–17, Do bis 20 Uhr • Eintritt 100 SEK, Kinder frei

Tullmuseet A 4

Die interessanteste Abteilung des Zollmuseums ist die über den Schmuggel. Drogen wurden in Teddys, aber auch schon in Sofas über die Grenze gebracht. 1622 wurden die Zollhäuser am Stadtrand gebaut, um Geld für die Kriege Gustavs II. Adolf aufzubringen.
Kungsholmen • Alströmergatan 39 • U-Bahn: Fridhemsplan (c 3) • www. tullverket.se/museum • Di, Mi und So 11–16 Uhr • Eintritt frei

Tumba Bruksmuseum ▶ S. 107, b 4

Am Fluss Tumbaå wurde im Jahr 1755 eine Papierfabrik für die Herstellung von Geldscheinpapier errichtet. Noch heute wird hier das Papier der schwedischen Geldscheine hergestellt. Das Museum ist in einem Arbeiterhaus von 1763 untergebracht.
Tumba, Sven Palmes väg 2 • Pendeltåg nach Tumba • www.tumbabruks museum.se • Juni–Aug. Di–So 11–16, Sept.–Mai Sa, So 11–16 Uhr • Eintritt frei

⭐ 8 Vasamuseet 👫 F 4

Das meistbesuchte Museum Schwedens zeigt das Kriegsschiff »Vasa«, das bei seiner Jungfernfahrt im Jahr 1628 gesunken ist. 1961 wurden der Kiel und 20 000 Wrackteile gehoben. In mühevoller, jahrelanger Kleinarbeit wurde das Schiff wieder zusammengesetzt. Das Museum zeigt u. a. geborgene Kleider aus dem 17. Jh. Ein Film informiert darüber, wie das Wrack gehoben wurde: Anders Franzén, Mitglied der schwedischen Marine, hatte um 1950 begonnen, eine Liste der untersuchungswürdigen Schiffswracks zusammenzustellen, ab 1954 konzentrierte er sich auf die »Vasa«. Im Jahr 1956 spürte er die »Vasa« schließlich auf.
Galärvarvet, Djurgården • Straßenbahn 7: Nordiska Museet • www. vasamuseet.se • Sept.–Mai Do–Di 10–17, Mi 10–20, Juni–Aug. tgl. 8.30–18 Uhr • Eintritt 130 SEK, Kinder frei

📷 FotoTipp

VASAMUSEET

Im Herbst liegt morgens der Nebel über dem Wasser, dann lassen sich bei der niedrig stehenden Sonne überall am Stockholmer Ufer stimmungsvolle Aufnahmen machen. ▶ S. 92

IHRE MEINUNG IST UNS WICHTIG!

Wir möchten mit unseren Reiseführern für Sie und Ihre Reise noch besser werden. Nehmen Sie sich deshalb bitte kurz Zeit, uns einige Fragen zu beantworten. Als Dankeschön für Ihre Mühe verlosen wir traumhafte Preise unter allen Teilnehmern.

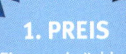

1. PREIS
Eine zweiwöchige Fernreise für zwei Personen

2. PREIS
Wochenend-Trip in eine europäische Hauptstadt

3. PREIS
je einen von 100 Reiseführern Ihrer Wahl

Mitmachen auf
www.reisefuehrer-studie.de

Oder QR-Code mit Tablet/Smartphone scannen

MERIAN
Die Lust am Reisen

Schloss Drottningholm (▶ S. 106), auch das »schwedische
Versailles« genannt, ist seit 1981 Wohnsitz der Königsfamilie, die
die Zimmer im südlichen Teil des Gebäudes bewohnt.

Spaziergänge und Ausflüge

Stockholms autofreie Altstadt lädt zum Flanieren ein. Doch auch die Schlösser und Inseln im Umland sind lohnenswerte Ziele.

Gamla Stan – Gemächlicher Bummel 👫

Charakteristik: Auf den Spuren von Kaufleuten und Monarchen geht es durch die engen Gässchen der Altstadt, in der kaum ein Gebäude jünger als 200 Jahre ist. Da die gesamte Altstadt Fußgängerzone ist, ist dieser Spaziergang kindertaug-

lich **Dauer:** ca. 1,5 Stunden **Länge:** 1,5 km **Einkehrtipp:** Stadmissionens Café (▸ S. 33), Stortorget 3, Mo–Fr 9–18, Sa, So 10–18 Uhr

📖 E 5/6

In der Gamla Stan mit ihren für den Autoverkehr viel zu engen, verwinkelten Gassen schlägt das Herz der schwedischen Hauptstadt. Hier auf Stadsholmen, der Stadtinsel, »regiert« im königlichen **Schloss** ⭐ Carl XVI. Gustav, auf der kleinsten der drei Inseln, Helgeandsholmen, unmittelbar nördlich davon, hat der schwedische Reichstag seinen Sitz, auf Riddarholmen (Ritterinsel), der Insel, die Gamla Stan westlich begrenzt, tagt u. a. der Oberste Gerichtshof.

Früher wurde in Gamla Stan am Järntorget auch über die Finanzen Schwedens entschieden. Dann zog die Reichsbank ins heutige Reichstagsgebäude und schließlich an den Brunkebergstorg. In der Gamla Stan lohnt sich ein Blick hinter die Fassaden. Einer intelligenten Sanierungspolitik der 1930er-Jahre ist es zu verdanken, dass hier heute noch Menschen wohnen und sich nicht alles in Bürolandschaften verwandelt hat: Hinterhäuser wurden abgebrochen und Gärten begrünt. Hier wohnt, wer auf sich hält, u. a. der ständige Sekretär der Schwedischen Akademie, der jedes Jahr den Literaturnobelpreisträger bekannt gibt, Horace Engdahl, die feministische Literaturwissenschaftlerin Ebba Witt-Brattström, der Krimiautor Johan Theorin sowie die prominente Politikerin Gudrun Schyman. Der als Jude im Exil lebende Dramatiker und Maler Peter Weiss (1916–1982) wohnte in den 1970er-Jahren im obersten Stockwerk des Hauses Västerlånggatan 44 und schrieb hier die Romantrilogie »Ästhetik des Widerstands«.

Slussen ▸ Tyska Brunnsplan

Der Rundgang beginnt im Süden bei der Schleuse (»**Slussen**«), die das Süßwasser des Riddarfjärden von den Wassern der Ostsee (»**Strömmen**«) trennt. Diesen Weg kamen auch schon die Kaufleute vergangener Jahrhunderte, wenn sie nicht mit dem Wagen unterwegs waren, weil die Wege durch die Wälder Smålands zu unsicher oder nach der Schneeschmelze im Frühjahr nicht passierbar waren. Ihre Schiffe legten an der Skeppsbron an, von Slussen aus gesehen rechts. Slussen lädt nicht unbedingt zum Verweilen ein: In den 1930er-Jahren wurde hier ein Verkehrskreuz gebaut: Autos, U-Bahnen, Busse und die Pendelzüge ans Meer nach Saltsjöbaden verkehren auf unterschiedlichen Ebenen. Wer sich vor dem Rundgang noch stärken will, dem sei die Imbissbude vor dem U-Bahn-Ausgang empfohlen: Hier gibt es gebratenen »Strömming« (Ostseehering) auf Knäckebrot.

Sie lassen das Reiterstandbild Karl Johans, des ersten Bernadotte, links liegen und tauchen in die Gassen Gamla Stans ein: Die Järntorgsgatan führt geradewegs auf den **Järntorget** zu, den Eisenmarkt, auf dem früher das für den Export bestimmte Stangeneisen gewogen wurde. Von der Bedeutung, die dieser Platz früher hatte, zeugt auch das **Bankohus**, das ehemalige Gebäude der schwedischen Reichsbank im Renaissancestil, das vom Baumeister des Schlosses Nicodemus Tessin d. Ä. im späten 18. Jh. entworfen wurde. Es ist mit dem Nachbargebäude durch eine Brücke verbunden, in dessen Keller sich einmal die Druckerei der Banknoten befand. Die eine Längsseite des Platzes wird von einem Konsum eingenommen. Gegenüber liegt in einem rötlichen Gebäude die älteste Konditorei Stockholms, **Sundbergs**, gegründet 1785, mit einer goldverschnörkelten Einrichtung aus dem frühen 19. Jh.

Vor dem Bankpalast steht eine Statue des berühmten Sängers und Seemanns Evert Taube, der oft im Gyldene Freden anzutreffen war. Seinem Stammlokal und den Bewohnern Gamla Stans hat er eine ganze Reihe heute noch populärer Lieder gewidmet, »Den Gyldene Fredens Ballader«. Das Gasthaus, das seit 1726 besteht und dessen Kellergewölbe aus dem Mittelalter stammen, ist das erste Gebäude an der Österlånggatan, die mit dem Kai, Skeppsbron, durch eine Reihe schmaler Gassen verbunden ist.

Unser Weg führt uns jetzt jedoch links eine steile Gasse, Södra Benickebrinken, hinauf in das ehemalige Viertel der deutschen Kaufleute, in dessen Mitte, an der Svartmangatan, die deutsche Kirche **Tyska kyrkan** liegt. Das stattliche gelbe Gebäude linker Hand, hinter der Bibliothek, in dem sich u. a. das **Storkyrkobad**

befindet, ist das sogenannte **Ehrenstrahlska huset**: Es geht auf den deutschstämmigen Porträtmaler David Klöcker zurück, der später den Adelstitel Ehrenstrahl erhielt. Es liegt am **Tyska Brunnsplan**.

In der Altstadt Gamla Stan (▶ S. 96) kann man noch stille Ecken entdecken.

Tyska Brunnsplan ▶ Stortorget

Den Brunnen, der von zwei riesigen Kastanien gesäumt wird, entwarf der Architekt der Börse am Stortorget, Erik Palmstedt. Er hatte auch die geniale Idee, das Haus dahinter mit einer gebogenen Fassade zu versehen. Nachdem Sie den Chor der Tyska kyrkan passiert haben, gehen Sie nach rechts in die Kindstugatan. An deren Ende liegt der idyllischste Platz Gamla Stans, **Brända Tomten**, mit einigen Bänken. Er wurde nach einem Stadtbrand angelegt, daher auch sein Name: Brandplatz. Hier konnten Fuhrwerke wenden.

Ein paar Schritte weiter kommen Sie auf den nächsten Platz, den **Köpmantorget**, mit einer Bronzekopie der Skulptur des hl. Georg mit dem Drachen aus der **Storkyrkan**. Dahinter fällt der Platz zur Österlånggatan ab. Der Weg führt jetzt den schmalen Bollhusgränd entlang zum Slottsbacken, dem großen Platz vor dem Schloss, und auf die südliche Fassade des Schlosses zu. Auf der Südseite des Slottsbacken liegt die **Finska kyrkan**, die Kirche der finnischen Gemeinde, die, was Größe und Schlichtheit der Ausstattung betrifft, mehr den Charakter der ländlichen Kirchen Schwedens hat. Das Gebäude wurde Mitte des 17. Jh. errichtet, um dem König auch im Winter das Ballspielen zu ermöglichen. In dem kleinen Park hinter der Kirche ist die kleinste Skulptur der schwedischen Hauptstadt zu bewundern. Sie wurde 1967 von dem Bildhauer Liss Eriksson geschaffen und heißt »Junge, der in den Mond schaut«. Mit dem **Obelisken** am oberen Ende des Platzes bedankte sich Gustav III. bei den Stockholmer Bürgern für ihren Einsatz während des schwedisch-russischen Krieges 1788 bis 1790. Hinter dem Obelisken ragt die Chorfassade der **Storkyrkan** auf. Links führt ein Torbogen in einen lauschigen kleinen Garten, in dem Sie gut ein paar Minuten verweilen und im Sommer auch eine Tasse Kaffee trinken können.

Stortorget ▸ Västerlånggatan

Der Källargränd führt jetzt links am Chor vorbei auf den **Stortorget**, dieser wird von der klassizistischen Fassade der Börse dominiert, die das mittelalterliche Rathaus ersetzte. Der Stortorget ist der zentrale Marktplatz der Stadt, auf dem sich bis ins 18. Jh. das Stockholmer Leben abspielte. Die Platzmitte wird von einem Brunnenhaus aus dem späten 18. Jh. eingenommen. Im Dezember werden hier die Buden des Weihnachtsmarkts aufgebaut, auf dem man Strohsterne und »Halmbockar«, Böcke aus Ähren, kaufen kann. Eine der Ecken des Platzes nimmt das **Grillska huset** aus dem späten 17. Jh. ein. Es ist an seinem runden Barockgiebel zu erkennen. Im Erdgeschoss befindet sich eine Konditorei, deren Balkendecke mit Sternen bemalt ist. Ein paar Häuser weiter liegt der **Stortorgskällaren**, hier können Sie unter mittelalterlichen Gewölben zu Mittag essen. In dasselbe Haus ist auf der Ecke **Skomakargatan** eine Kanonenkugel eingemauert: Sie soll auf den dänischen König Christian II. abgefeuert worden sein. Dieser König ist in Schweden unter dem Namen Kristian Tyrann bekannt, weil er am 7. November 1520 über 80 Adelige und Bischöfe auf dem Stortorget hinrichten ließ, unter ihnen den Vater von Gustav Wasa, ein Ereignis, das als das »Stockholmer Blutbad« in die Geschichte eingegangen ist.

Eine Trångsund, enger Sund, genannte Straße führt links an der Börse vorbei auf die abschüssige Straße, die zum Hauptportal der Storkyrkan führt. Am Ende von Storkyrkobrinken sieht man das Ritterhaus. Sie biegen jedoch vor der Apotheke Korpen – ein vergoldeter Rabe ziert die Hausecke – links in die **Västerlånggatan** ein, die auf beiden Seiten von Lokalen und Geschäften gesäumt wird. Die **Västerlånggatan**, die am Reichstag beginnt, ist die belebteste Straße der Stadt, von Boutiquen, Spezialgeschäften für Norwegerpullover, Gaststätten und Knei-

Stockholms Altstadt, die pittoreske Gamla Stan (▶ S. 96), bietet viele schöne Sonnenplätze, die sich für eine Pause beim Stadtbummel anbieten.

pen gesäumt. Hier herrscht noch in den Abendstunden ein reges Treiben. Sollte es zwischen den Häusern in den schmalen Gassen im Hochsommer einmal zu warm werden: Von überall sind es nur wenige Schritte zum Wasser, durch die meisten Querstraßen schimmert es auf, und ein Schwarm Möwen kreist kreischend in der Luft.

Auf der linken Seite steht das **Jakob Sauer Haus** (Nr. 29), das auf das 14. Jh. zurückgeht: Im ersten Stock sind noch die spitzbogigen Fenster aus dieser Zeit zu sehen. Zwischen den Häusern 24 und 24 A können Sie durch ein Gewölbe einen Abstecher auf die Gåsgränd, die Gänsegasse, machen, die auf den **Gåstorg** führt. Der Platz wurde im 18. Jh. als Wendeplatz für Pferdefuhrwerke angelegt. Heute ist hier die Bronzeskulptur »Tungviktare« (Schwergewichtler) von Sven Lundqvist von 1967

aufgestellt, die zwei Boxkämpfer und ihre Zuschauer zeigt. Weiter auf der Västerlånggatan liegt das **Von der Linde Haus** (Nr. 68) mit einem Barockportal aus Sandstein. Es wurde für Erik Larsson, den Schatzmeister Gustav II. Adolf, gebaut, der mit dem Titel »von der Linde« geadelt worden war. Es ist das aufwendigste Bürgerhaus der Altstadt. Kurz bevor Sie wieder den Järntorget erreichen, führt links der Mårten Trotzigs Gränd, der stellenweise nur 90 cm breit ist, auf die Prästgatan. Er ist nach dem deutschen Kaufmann Martin Traubtzich benannt, der seinen Namen an das Schwedische anpasste.

Vom Järntorget können Sie wieder zur Slussen zurückgehen oder die **Stora** und **Lilla Nygatan** erkunden, die parallel zur Västerlånggatan verlaufen und nicht ganz so alt sind wie die schmalen Gassen, durch die Sie bereits gekommen sind.

Södermalm – Spektakuläre Aussicht auf Schritt und Tritt

Charakteristik: Das einstige Arbeiterviertel Södermalm weist dank seiner Hügellage beeindruckende Aussichtspunkte über den Rest der Stadt auf, stellt aber auch gewisse Anforderungen an die Kondition der Besucher **Dauer:** ca. 2,5

Stunden **Länge:** 2 km **Einkehrtipp:** Fåfängan, Klockstapelsbacken 3, Tel. 6 42 99 00, www.fafangan.se, nur Juni–Sept. ab 11 Uhr

Karte ▸ S. 103

Ausgangspunkt dieses Rundgangs ist **Slussen**, die Schleuse, Begegnungspunkt von Mälarsee und Ostsee. Wenn Sie der Altstadt Gamla Stan den Rücken zukehren, erhebt sich vor Ihnen der Katarinaberg mit seiner dichten Bebauung.

Slussen ▸ Mosebacke torg

Sie können ihn entweder zu Fuß über die steil ansteigende Götgatan oder mithilfe des **Katarinahissen** bezwingen – eine hoch aufragende Aufzugskonstruktion, deren Stahlträger Sie zu Ihrer Linken sehen. Der erste Lift stand hier übrigens schon im Jahr 1833. Diese bequeme Alternative kostet Sie 10 SEK, dafür werden Sie in 15 Sek. aber auf 46 m Höhe gebracht. Oben angekommen, eröffnet sich Ihnen eine herrliche Aussicht: rechts auf die Ausläufer der Ostsee mit den großen Finnlandfähren und links über den Mälarsee auf Kungsholmen mit dem Stadshuset. Eine breite Aussichtsrampe führt über ein Hochhausdach auf den Urvädersgränd, der am Mosebacke torg endet. Beachten Sie auf dem Weg dorthin rechts ca. 100 m die Straße entlang das niedrige Haus Nr. 3, in dem Schwedens berühmtester und beliebtester Troubadour Carl Michael Bellman von 1770 bis 1774 gelebt hat. Der **Mosebacke torg** ist

einer der lauschigsten Plätze Stockholms, und seit Mitte des 19. Jh. nimmt er eine zentrale Stellung im hauptstädtischen Nachtleben ein. Nils Sjögrens beliebte Skulptur in der Mitte des Platzes heißt »Die Schwestern«: zwei üppige Maiden, die in den 1940er-Jahren aufgestellt wurden und einander aus unerfindlichen Gründen den Rücken zuwenden. Der 32 m hohe Backsteinturm mit seinen von mittelalterlichen Ritterburgen inspirierten Zinnen diente bis in die 1960er-Jahre als Wasserreservoir für die auf Katarinaberget gelegenen Wohnhäuser.

Mosebacke torg ▸ Katarina kyrka

Durch ein Portal, Mosebackeporten, geht es auf die Mosebacketerrasse. Im Mosebacke Etablissement (Mosebacke torg 3), Stockholms traditionsreichstem Kabarett- und Musikrestaurant, finden fast allabendlich Darbietungen auf höchstem Niveau statt. Von der Terrasse öffnet sich ein weiter Blick über Saltsjön und Stockholm, den August Strindberg in der Eingangspartie seines Romans »Röda Rummet« eindrucksvoll beschrieben hat. Strindberg findet sich auf der Terrasse als Bronzebüste von seinem Freund Carl Eldh verewigt. Der zweite, am anderen Ende gelegene Zugang auf die Terrasse führt zur Fiskargatan mit Stockholms erster Telegrafenstation im hübschen **Bångska huset**. Auf dem Dach befand sich im frühen 19. Jh. ein optischer Telegraf. Hinter der Kurve geht es links die Svartensgatan entlang hinab bis zum Katarina Kyrkobacke. Rechts erhebt sich die **Katarina kyrka**. Die älteste Barockkirche der Stadt brannte 1990 (zum zweiten Male in ihrer Geschichte) ab. Der sorgfältige Wiederaufbau nahm fünf Jahre in Anspruch. Auf dem lauschigen Friedhof hinter der Kirche ist Außenministerin Anna Lindh beigesetzt (Grab 1503, wegen der vielen frischen Blumen kaum zu verfehlen).

Katarina kyrka ▸ Fåfängan

Folgen Sie nun der Högbergsgatan. Zweigen Sie in die Nytorgsgatan rechts ab. Die erste links ist die **Mäster Mikaels Gata**. Meister Mikael, der hier im 17. Jh. wohnte, war einer von Stockholms Scharfrichtern. Sein Beruf wurde ihm zum Schicksal, auch er fand den Tod durch das Beil, nachdem er außer Dienst einen Mann umgebracht hatte.

Södermalm war bis Anfang dieses Jahrhunderts Stockholms Arbeiter- und Handwerkerviertel. Davon zeugen noch einige pittoreske Häuser aus dem 17. und frühen 18. Jh. im Glasbruksgränd und der Mäster Mikaels Gata. Der Weg führt weiter über Glasbruksklippan, den Glashüttenfels. Weiter geht es nun über den stark befahrenen Katarinavägen zur Fjällgatan. Vor sich sehen Sie eine typische Södermalmstraße aus dem 18. Jh. mit niedrigen Häusern aus Holz oder Stein. Folgen Sie der Straße, bis links die Bebauung aufhört. Vor Ihnen breitet sich der Stadsgårdshamnen aus. Je weiter Sie gehen, desto großartiger wird die Aussicht,

Die Katarina kyrka (▸ S. 100) ist Stockholms älteste Barockkirche.

bis Sie an der Kurve, wo die Fjällgatan in die Erstagatan mündet, an Stockholms beliebtesten Aussichtspunkt gelangt sind. Über einige Treppenstufen erreichen Sie die belebte Folkungagatan, dann geht es rechts die Sågargatan wieder den Berg hinauf, dann links in die Lotsgatan. Erneut tauchen Sie in eine Handwerkeridylle aus dem 17. und 18. Jh. Erfreuen Sie sich an den niedrigen roten Holzhäuschen und dem buckeligen Kopfsteinpflaster, bis eine steile Treppe links wieder zur Folkungagatan hinabführt. Quer über der Kreuzung hoch über dem Wasser erblicken Sie **Fåfängan** mit seiner Baumheckenmauer. Die Aussicht über fast ganz Stockholm und hinaus Richtung Schären ist einzigartig. Der Bus 53 bringt Sie wieder ins Stadtzentrum, die anderen Busse fahren bis Slussen.

Über den Monteliusvägen –
Die schönste Aussicht Stockholms

Charakteristik: Ein Spaziergang mit wenig Höhenunterschieden, der mit dem Mariatorget das Herz Södermalms berührt **Dauer:** ca. 1 Stunde **LÄNGE:** 2 km

 **Einkehrtipp:** Konditori Chic, Swedenborgsgatan 5 A, Mo–Fr 8–18, Sa 10–16 Uhr, So 10–17 Uhr

Karte ▸ S. 103

Ausgangspunkt ist Ryssgården, der Platz vor dem Stadsmuseum, an der U-Bahn-Station Slussen. Das Backsteingebäude neben dem U-Bahn-Eingang war bis 1964 Seemannsheim und beherbergt heute die Verwaltung des **Stadsmuseet**. Den Turm ziert ein Schiffsmast. Zwischen ehemaligem Seemannsheim und Stadsmuseum verläuft die Peter Myndes Backe, geradeaus sieht man den dunkelorangen Turm der Mariakyrka. Das **Stadsmuseum** ist ein stattliches weißes Gebäude aus dem 17. Jh., das von dem Baumeister von Drottningholm Slott, Nicodemus Tessin d. Ä., errichtet wurde und in dem seit 1937 das Museum untergebracht ist.

Peter Myndes Backe ▸
Monteliushuset

Die Peter Myndes Backe mündet auf den Götgatsbacken, der seit einigen Jahren der vornehmen Biblioteksgatan auf Östermalm den Rang als erste Adresse zum Kleidershoppen streitig macht. Sie ist seit einigen Jahren Fußgängerzone, Radfahren ist allerdings erlaubt und wird mit Geschwindigkeit praktiziert. Also: Augen auf! Der rosafarbene Palast rechter Hand wurde Mitte des 17. Jh. für den Industriellen und Gewehrfabrikanten Louis de Geer errichtet. Seit 1963 befindet sich hier die holländische Botschaft. Das Portal zieren die Wappen von Ebba Brahe, die das Anwesen von de Geer erwarb, und das ihres Mannes Jakob de la Gardie. Durch den Torbogen fällt der Blick auf das Hofhaus, das an die königliche Gemäldegalerie Mauritshuis in Den Haag erinnert: Kein Wunder, Bauherr de Geer war niederländischer Abstammung. Rechter Hand zweigt die Sankt Paulsgatan ab. Nr. 11 linker Hand ist das um 1670 errichtete **Monteliushuset**, benannt nach dem Historiker Oscar Montelius (1843–1921). Wer rechts in die Kvarngatan, die Mühlenstraße, einbiegt (Abstecher), kommt zur barocken **Maria Magdalena Kyrka**.

Sankt Paulsgatan ▸ Bastugatan

Weiter die Sankt Paulsgatan entlang kommt auf der linken Seite, Nr. 21, der van der Nootska Palatset aus dem 17. Jh., für einen holländischen Oberst in schwedischen Diensten errichtet. Heute im Besitz der Stadt Stockholm, kann man hier an Wochentagen zu Mittag essen.

Der **Mariatorget** ist einer der zentralen Plätze auf Söder. Den Mittelpunkt der Parkanlage bildet ein Brunnen, »Tors Fischfang« (1903). Auf der Ostseite des Platzes liegt das Kino Rival von 1937, das inzwischen zum gleichnamigen Hotel gehört. Überquert man den Mariatorget der Länge nach, erhebt sich auf der anderen Seite der Hornsgatan der Ma-

riaberget. Über die Blecktornsgränd gelangt man auf die Bastugatan. Rechts eröffnet sich ein hübscher Blick auf die Brännkyrkagatan. Eine Treppe führt zur nächsten Querstraße, der Tavastgatan hinauf und weiter auf die Bastugatan, eine der idyllischsten Straßen Stockholms mit einer auf der Nordseite intakten Bebauung aus dem 17. Jh.

Bastugatan ▸ Monteliusvägen

Man folgt der Bastugatan nach links in westlicher Richtung. Vor dem Kindergarten (Barnstuga) geht es auf der Kattgränd (der Katzengasse) Richtung Wasser und Riddarfjärden und zu dem teilweise über Treppen auf einer Holzkonstruktion verlaufenden Monteliusvägen. Achtung! Der Weg wird im Winter nicht geräumt und gestreut. Von hier bietet sich ein atemberaubender Blick auf Kungsholmen, das Stadshuset und Gamla Stan. Unterhalb eines imposanten Backsteinbaus mit Treppengiebeln von 1889 teilt sich der Weg. Auf dem oberen Weg bleiben! Unterhalb liegt die Baustelle für den neuen S-Bahn-Tunnel (Citybana). Vor dem »Laurinska Huset« oder »Mälarschloss« mit rundem Eckturm von 1892, nach dem Kunsthistoriker Carl Gustaf Laurin benannt, führt der Monteliusvägen wieder auf die Bastugatan.

Bellmansgatan ▸ Hornsgatan

Über eine Brücke gelangt man auf die Bellmansgatan. Die Brücke verbindet die Bellmansgatan mit dem **Mariahissen** von 1886, einem Fahrstuhl (privat), früher die schnellste Verbindung ans Ufer (Söder Mälarstrand). Der Mariahissen ist einer der Schauplätze der Stieg-Larsson-Romane. Die Bellmansgatan führt hinab auf die Hornsgatan: Dort hat man links die Rückseite des Stadsmuseet und den Ausgangspunkt des Spaziergangs im Blick.

Traumblicke auf die Altstadt Stockholms und das Rathaus eröffnen sich dem Besucher, der bei gutem Wetter vom Monteliusvägen (▸ S. 104) hinüberschaut.

Von Östermalm nach Djurgården – Vorbei an den Palästen der Reichen

Charakteristik: Vom Nobelviertel Östermalm ist es nicht weit zu Stockholms beliebtestem Naherholungsgebiet Djurgården, das einst Königen und Adeligen vorbehalten war. Jetzt darf sich jeder auf dieser grünen Insel tummeln **Dauer:** ca. 2,5 Stunden **Länge:** 2 km **Einkehrtipp:** Rosendals trädgård, Rosendalsterrassen 12, Sommer tgl. 11–17 Uhr, im Winter Mo geschl.

 E 3–F 4

Ausgangspunkt dieses Spazierganges ist die **Kungliga bibliboteket**. Die schwedische Nationalbibliothek, im Stil der Neorenaissance, datiert aus dem Jahre 1874 und birgt unter anderen Kostbarkeiten den Codex Gigas, die Teufelsbibel aus dem frühen 13. Jh. Das Gebäude liegt am südlichen Ende des **Humlegården**, Stockholms größtem Innenstadtpark, und blickt Richtung Stureplan.

Birger Jarlsgatan ▸ Djurgårdsbron

Wenn Sie der Birger Jarlsgatan in südlicher Richtung folgen, erreichen Sie nach wenigen Minuten den Nybroplan. Das strahlend weiße Jugendstilgebäude zu Ihrer Linken ist das Königlich Dramatische Theater, kurz **Dramaten**. Überqueren Sie den Nybroplan, und folgen Sie der Uferpromenade stadtauswärts. Sie befinden sich jetzt auf Stockholms Paradestraße **Strandvägen**, links gesäumt von prachtvollen Fassaden der Jahrhundertwende, rechts mit Blick auf die großen alten Segelboote und übers Wasser hinweg auf die beiden Inseln Skeppsholmen und Djurgården.

Die Uferpromenade endet auf der **Djurgårdsbron**, der Brücke, die zu Stockholms Freizeitinsel führt.

Djurgårdsbron ▸ Rosendals slott

Jenseits der Brücke erhebt sich rechts das imposante Gebäude des **Nordiska museet** mit seinen hervorragenden Sammlungen zur nordischen Volkskunde. Unser Weg zweigt nach links ab und folgt der Uferlinie des Djurgårdsbrunnsviken. Jeder Schritt führt nun weiter weg vom Großstadttrummel, und bald wird deutlich, wie Djurgården, der Tiergarten, zu seinem Namen gekommen ist. Einst diente er König Karl XI. als Jagdrevier, zu einem allgemeinen Erholungsgebiet entwickelte er sich erst im 19. Jh. Auf Djurgården finden sich einige bedeutende Sehenswürdigkeiten: **Prins Eugens Waldemarsudde** ⭐, **Skansen** ⭐ und das **Vasamuseet** ⭐.

Bald erreicht der Weg **Rosendals slott**, ein königliches Sommerschlösschen, das verträumt zwischen den Bäumen hervorschaut. Anschließend geht es zurück zum Uferweg, der nach etwa 10 Minuten von der Djurgårdsbrunnsbron gekreuzt wird. Hier haben Sie die Möglichkeit, dem Kanal geradeaus durch ein kleines Naturschutzgebiet zu folgen. Dieser zusätzliche Kilometer wird mit einem großartigen Blick von Stockholms östlichstem Aussichtspunkt belohnt. Sie können aber auch die Brücke überqueren und auf der anderen Seite bequem den Bus 69 zurück in die Innenstadt nehmen.

AUSFLÜGE IN DIE UMGEBUNG

Schloss Drottningholm ⭐

Charakteristik: Der Wohnsitz des schwedischen Königspaars besticht durch einen wunderschönen Park und viele Sehenswürdigkeiten **Dauer:** halber Tag **Anreise:** Von der U-Bahn-Station Brommaplan mit den Bussen 177, 301–23 (5 Min.) oder vom Stadshuset im Sommer ab 10 Uhr jede volle Stunde mit dem Schiff (Fahrtzeit 50 Min.) **Einkehrtipp:** Im Sommer beim Kina slott, geöffnet Mai–Sept.
Karte ▶ S.107, b 3

Schloss Drottningholm ist eines der bislang fünfzehn schwedischen Kulturdenkmäler auf der UNESCO-Liste des Weltkulturerbes. Seit 1981 lebt hier die schwedische Königsfamilie, wobei inzwischen nur noch das Königspaar selbst im Schloss wohnt. Kronprinzessin Victoria lebt mit ihrem Ehemann Daniel seit 2010 im Hagaschloss. Um 1700 wurde das barocke Kleinod im Auftrag der Königinwitwe Hedvig Eleonora von Nicodemus Tessin d. J. fertiggestellt. 40 Jahre später veranlasste die Kronprinzessin Louisa Ulrika, die Schwester Friedrichs II. von Preußen, einen Umbau, bei dem das Schloss sein heutiges Aussehen erhielt. Ende des 18. Jh. ging es in Staatsbesitz über, jedoch behielt sich die königliche Familie das Nutzungsrecht vor. Besonders sehenswert sind das gigantische **Treppenhaus** mit Stuckdekorationen aus der Zeit um 1670 sowie elf Marmorstatuen von Nicolas Millich aus etwa derselben Zeit und das **Paradeschlafzimmer** der Königin Hedvig Eleonora. Dieses prachtvoll ausgestattete Gemach war trotz seines Namens als Gedenkraum für den verstorbenen Karl X. Gustav gedacht und daher ursprünglich ganz in Schwarz gehalten. Später wurde es blau ausgemalt.

Hauptattraktion ist jedoch das bezaubernde kleine **Theater** nördlich des Schlosses aus dem Jahre 1766. Von Mai bis September wird hier mithilfe des Drottningholm-Kammerorchesters, den ursprünglichen Kulissen und der dazugehörigen Bühnenmaschinerie gustavianische Atmosphäre heraufbeschworen, die dem Zuschauer ein unvergessliches Erlebnis bereitet. Besonders stolz ist man in Drottningholm auf den »Theaterdonner«, der noch auf die gleiche Weise produziert wird wie Mitte des 18. Jh. und in fast jeder Vorstellung seine gegebene Rolle findet. Je nach gewünschter Gewitterstärke wird entweder das Donnerseil betätigt, das eine mit Steinen gefüllte Kiste in Bewegung setzt, oder eine Kanonenkugel hin und her gerollt, bis die Theaterwände erzittern. Im Westen der Parkanlage schließt sich der um 1700 angelegte **Barockgarten** nach französischem Vorbild an das Schloss an. Fast 80 Jahre später entstand nördlich davon noch eine weitläufige englische Gartenanlage. Als Königin Louisa Ulrika ihren 34 Geburtstag feierte, erhielt sie als Überraschung ein chinesisches Lustschlösschen, das **Kina slott**. Es ist ein wunderhübsches Beispiel für die Begeisterung für alles Exotische und vor allem Fernöstliche, die den Geschmack des Rokoko prägte. Das ursprüngliche Holzschlösschen wurde nach einem Brand 1769 durch das jetzige Gebäude ersetzt.

INFORMATIONEN
Drottningholms slott
www.kungahuset.se • Mai–Aug.

tgl. 10–16.30, Sept. tgl. 12–15.30, Okt.–April Sa, So 12–15.30 Uhr • Eintritt 120 SEK, Kinder frei

Drottningholms slottsteater
www.dtm.se • Führungen April, Okt. Fr–So 12–15.30, Mai–Aug. tgl. 11–16.30, Sept. tgl. 12–15 Uhr • Eintritt 100 SEK, Kinder frei

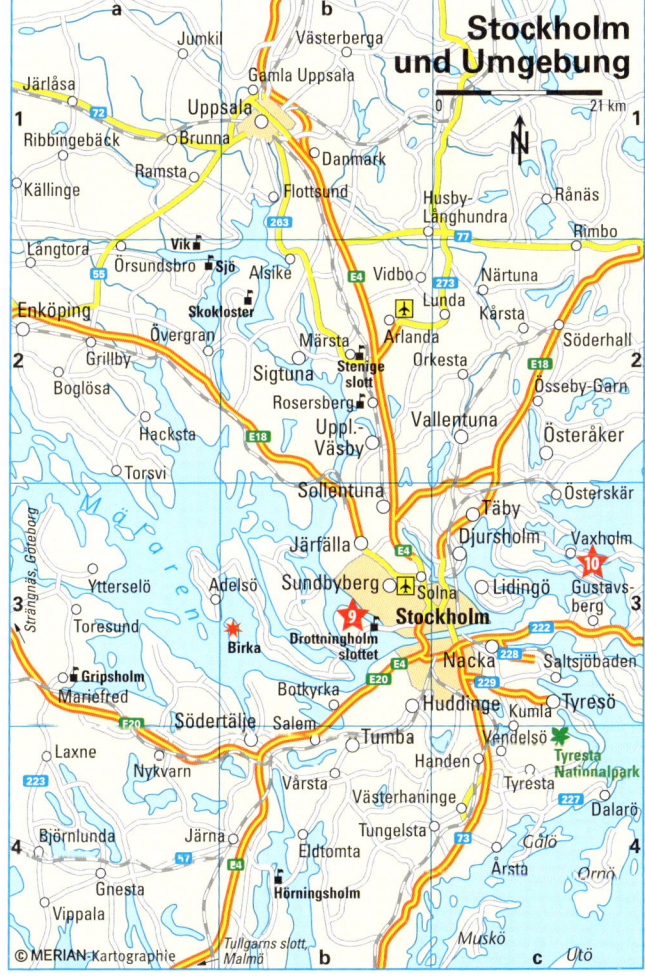

Dampferfahrt nach Vaxholm 🔟

Charakteristik: Einfach vor dem Grand Hôtel in einen Dampfer steigen und eine gute Stunde später in der Schärenidylle an Land gehen. Im Sommer Badesachen nicht vergessen **Dauer:** Halbtagesausflug **Anreise:** Mit dem Bus 670 ab U-Bahn Tekniska Högskolan **Auskunft:** Fremdenverkehrsamt Vaxholm • Tel. 08/54 13 14 18 • www.vaxholm.se **Einkehrtipp:** Waxholms Hotell, Hamngatan 2, Tel. 08/54 13 01 50, www.waxholmshotell.se €€
Karte ▶ S. 107, c 3

Vaxholm ist und bleibt eine Insel, auch wenn man sie auf dem Landweg erreichen kann. Doch ein Ausflug nach Vaxholm mit dem Dampfer ist immer ein Vorgeschmack auf Sommer und die **Schären**, die hinter Vaxholm erst so richtig beginnen.

Vaxholm war schon zu Zeiten Gustav Wasas von strategischer Bedeutung. Bereits im 16. Jh. lag hier auf einem der Insel vorgelagerten Holm eine Festung. Das heutige Kastell an dieser Stelle datiert aus dem 19. Jh. und beherbergt seit einigen Jahren ein Museum (Mai–Aug. tgl. 12–16 Uhr).

Weitere Zeugen der Vergangenheit sind das Zollhaus (»Tullhuset«) und die Kirche, beide aus dem 18. Jh. Spuren des alten Vaxholm finden sich vor allem am Norrhamnen, dem pittoresken Fischerhafen. Von **Söderhamnen**, dem Südhafen, kann man zum Kastell übersetzen. Am Norrhamnen liegt das idyllische Heimatmuseum (Hembygdsgård) mit Café (im Sommer). Die Insel lässt sich zu Fuß umrunden.

Die Landschaft um Resarö bei Vaxholm in den Stockholmer Schären wirkt beruhigend auf den Betrachter, vor allem, wenn er aus der lebhaften Großstadt Stockholm kommt.

Erlesene
Auf den Spuren berühmter
Persönlichkeiten

Ziele

MERIAN
Die Lust am Reisen

In der Stockholmer U-Bahn (▸ S. 122), auf Schwedisch
Tunnelbana genannt, sind viele Bahnhöfe mit besonderen
Kunstwerken auffällig dekoriert.

Wissenswertes über
Stockholm

Nützliche Informationen für einen gelungenen Aufenthalt: Fakten
über Land, Leute und Geschichte sowie Reisepraktisches von A bis Z.

Auf einen Blick

Mehr erfahren über Stockholm – Informationen über Land und Leute, von Bevölkerung über Politik und Sprache bis Wirtschaft.

Amtssprache: Schwedisch
Einwohner: 904 184 (Region 1 372 565)
Bevölkerung: 10 % Ausländer, v. a. Finnen, Iraker und Serben
Fläche: 188 qkm
Internet: www.stockholm.se
Religion: 82 % evangelisch-lutherisch, 2 % katholisch, 3 % muslimisch
Verwaltung: 14 Stadtteile
Währung: Schwedische Krone SEK

Bevölkerung

In Stockholm leben etwa 904 000 Menschen. Mit den angrenzenden 25 Gemeinden (von Nynäshamn im Süden bis Norrtälje im Norden, von Södertälje im Westen bis Värmdö im Osten), die zusammen Stockholms Län (Regierungsbezirk) bilden, sind es 2 181 318. In ganz Schweden waren es am 30. Juni 2014 9 694 194. In der Innenstadt leben etwa 10 % Ausländer, wovon die größte Gruppe die Finnen und Iraker bilden.

Fläche

Stockholm 188 qkm, Stockholms Län 6490 qkm, was etwa 260 Einwohnern pro qkm entspricht.

Lage

Stockholm liegt an der Ostküste Schwedens, am Abfluss von Mälarsee in die Ostsee. Slussen, die Schleuse in der Stadtmitte, scheidet das Südwas-

◄ Etwa 900 000 Menschen leben in Schwedens Hauptstadt Stockholm.

ser des Mälaren von dem leicht salzigen Wasser der Ostsee. In Stockholm trinkt man das gereinigte Wasser des Mälaren. Die Wasserqualität ist so gut, dass es möglich ist, mitten in der Stadt Lachse zu fischen. Die Stadt liegt an der Grenze zu den etwa 20 000 Inseln und Inselchen umfassenden Stockholmer Schären. Das geografische Zentrum Stockholms liegt mitten im Riddarfjärden (59°21'N und 18°4'E). Das Klima ist gemäßigt, die Jahresdurchschnittstemperatur beträgt 6,6°C, am wärmsten ist es mit durchschnittlich 17,8°C im Juli, am kältesten im Februar (–3,1°C). Die relative Nähe zum Polarkreis hat zur Folge, dass es im Juni fast rund um die Uhr hell ist, dafür hat man im Dezember nur knapp sechs Stunden lang Tageslicht.

Politik

Im Herbst 2014 wurde nach acht Jahren die konservative Koalitionsregierung von Fredrik Reinfeldt abgewählt und der Spitzenkandidat der Sozialdemokratischen Arbeiterpartei (SAP) Stefan Löfven mit der Regierungsbildung beauftragt. Die ausländerfeindliche Partei Sverigedemokraterna errang bei dieser Wahl 14 % der Stimmen und wurde zur drittgrößten Partei (nach den Sozialdemokraten und Moderaten). Bei der gleichzeitigen Kommunalwahl wurden die Konservativen ebenfalls abgewählt.

Religion

82 % der Bevölkerung sind evangelisch-lutherisch. Die zweitgrößte Gruppe sind Muslime; daneben dominieren diverse Freikirchen.

Verwaltung

Seit 2007 ist Stockholm in 14 Bezirke (stadsdelsområden) eingeteilt: Bromma, Enskede-Årsta-Vantör, Farsta, Hägersten-Liljeholmen, Hässelby-Vällingby, Kungsholmen, Norrmalm, Rinkeby-Kista, Skarpnäck, Skärholmen, Spånga-Tensta, Södermalm, Älvsjö und Östermalm. Die Stadtteile besitzen eine gewisse Unabhängigkeit, d.h., es kann beispielsweise für Schulen in Norrmalm andere Vorgaben geben als für Schulen in Södermalm.

Wirtschaft

Industrie und Verwaltung konzentrieren sich immer weiter auf Stockholm, Göteborg und Malmö, was in Stockholm zu großer Wohnungsknappheit führt. Mietwohnungen sind nicht oder nur zu Überpreisen zu bekommen. Es gibt eine staatlich verwaltete Warteliste (»bostadskö«) für Leute, die bereit sind, über 20 Jahre auf eine Wohnung zu warten. Eigentumswohnungen haben einen Durchschnittspreis von mindestens 2 Mio. SEK pro Zimmer.

Größter privater Arbeitgeber der Stadt ist Ericsson, Hersteller von Ausrüstungen für die Telekomindustrie. Der Traum vom schwedischen Silicon Valley in Kista ist jedoch seit der Krise der Telekommunikationsbranche ausgeträumt. Der Kista Science Tower steht weitgehend leer.

Auch die beiden großen schwedischen Verlage Bonnier und Norstedts sind in Stockholm beheimatet: Bonnier expandiert in den letzten Jahren stark nach Deutschland, u.a. als Eigentümer von Piper und Ullstein. Die Arbeitslosigkeit liegt bei 7,4 % (Aug. 2014).

Geschichte

Um 800
Auf der im Mälaren gelegenen Insel Björkö, westlich von Stockholm, entsteht der Handelsplatz
Birka.

Um 1000
Der Handelsplatz Sigtuna entsteht
und löst Birka ab.

Ca. 1130
Der Bischofssitz wird von Sigtuna
nach Uppsala verlegt.

1187
Sigtuna wird von den Esten in
Schutt und Asche gelegt. Zur Siche-
rung des Handelsplatzes wird auf
Stadsholmen (Gamla Stan), auf
dem schon seit alters her die für Sigtuna bestimmten Waren auf kleinere Boote umgeschlagen werden,
ein Verteidigungsturm errichtet.

Ca. 1250
Birger Jarl schließt mit Lübeck einen Vertrag, in dem für das späte-
re Stockholm Zollfreiheit verein-
bart wird.

1252
Birger Jarl nennt in einem Brief
Stockholm erstmals beim Namen.
Am Norrström existiert bereits ei-
ne Burganlage, aus der das Schloss
Tre Kronor (und das heutige Kung-
liga slottet) hervorgeht und um die
herum die neue Stadt entsteht.

1266
Birger Jarl stirbt in Stockholm.

1281
Die Stadt bekommt eine Ratsver-
fassung nach Vorbild der Hanse-
städte.

1436
Die Privilegien Stockholms werden vom Reichsrat verbrieft.

1471
Christian von Dänemark belagert
Stockholm und wird am Brunke-
berg von Sten Sture besiegt.

1520
Christian II. von Dänemark-Nor-
wegen besiegt Sten Sture d. J. Er
lässt sich in Stockholm auch zum
schwedischen König krönen. Nach
den Feierlichkeiten werden 82
Gäste auf dem Stortorg geköpft,
u. a. der Vater von Gustav Wasa.

1523
Gustav Wasa wird König von
Schweden und befreit Stockholm.

Ca. 1580
Stockholm hat inzwischen etwa
9000 Einwohner.

1634
Die Vormünder von Königin Kris-
tina ernennen einen Statthalter
über Stockholm, das somit seine
Autonomie gänzlich verliert.

1675

Die Einwohnerzahl Stockholms wächst auf 50 000 an.

1772

Krönung von Gustav III., dem Musenkönig.

1792

Gustav III. wird auf einem Maskenball in der Oper ermordet.

1810

Der französische Marschall Jean Baptiste Bernadotte, Ahnvater des jetzigen Königshauses, wird zum Thronfolger ernannt.

1856

Die Einwohnerzahl Stockholms steigt auf 100 000.

1901

Erste Nobelpreisverleihung in Stockholm.

1912

In Stockholm finden die Olympischen Sommerspiele statt.

1932

Wahlsieg der Sozialdemokraten. In den folgenden Jahrzehnten Schaffung eines Sozialstaates.

1951

Beginn der städtebaulichen Neugestaltung durch Nedre Norrmalm. Bis 1981 verschwinden etwa 50 % der historischen Bauten.

1975

Die Botschaft der BRD wird vom »Kommando Holger Meins« besetzt und von der Polizei gestürmt. Der Militär- und der Handelsattaché werden ermordet.

1976

Die Deutsche Silvia Sommerlath heiratet Carl XVI. Gustaf und wird Königin von Schweden.

1986

Ermordung Olof Palmes nach einem Kinobesuch in Stockholm.

1995

Schweden tritt der EU bei.

2000

Der Arlanda Express, die Schnellbahnverbindung mit dem Flughafen, wird vom König eröffnet.

2003

Die schwedische Außenministerin Anna Lindh wird im Warenhaus NK ermordet.

2010

Schweden wird Ziel des internationalen Terrorismus. In der Gamla Brogatan kommt jedoch nur der Selbstmordattentäter zu Tode.

2012

Im Februar kommt Prinzessin Estelle Silvia Ewa Mary, das erste Kind von Kronprinzessin Victoria und Prinz Daniel, zur Welt.

Reisepraktisches von A–Z

ANREISE UND ANKUNFT
MIT DEM FLUGZEUG

In die schwedische Hauptstadt fliegen inzwischen verschiedene Fluggesellschaften entweder direkt oder via Kopenhagen oder Oslo. Die meisten Maschinen landen auf dem Flughafen **Arlanda**, 41 km nördlich von Stockholm, auf halbem Weg zwischen Stockholm und Uppsala (Tel. 0 8/ 9/ 60 00, tgl. 6–24 Uhr). TUIfly (www.tuifly.com) und Germanwings (www.germanwings. com), Air Berlin (www.airberlin. com) sowie Norwegian (www. norwegian.com) fliegen nach Arlanda, Ryanair nach Skavsta bei Nyköping. Auf dem Vorortflughafen Bromma (10 km westlich) werden nur Inlandsflüge abgefertigt.

Der Flughafenbus (www.flygbussarna.se; 99 SEK) verkehrt alle 10 Min. zum Busbahnhof Cityterminalen beim Hauptbahnhof. Ein **Taxi** kostet etwa 500 SEK. Die Fahrtdauer (für Bus und Taxi) beträgt ca. 40 Min. Die Schnellbahn Arlanda Express (www. arlandaexpress.com; 260 SEK) schafft die Strecke sogar in 20 Min.

Am preiswertesten ist es, auf Arlanda eine Streifenkarte zu kaufen, den Bus 483 nach Märsta zu nehmen und von dort die S-Bahn (Pendeltåg) in die Stadt.

Vom südlichen Flughafen Skavsta zum Cityterminalen beträgt die Fahrtzeit ca. 70–80 Min., eine Rückfahrkarte kostet 249 SEK. Ein Taxi kostet mindestens 1200 SEK.

Auf www.atmosfair.de und www. myclimate.org kann jeder Reisende durch eine Spende für Klimaschutzprojekte für die CO_2-Emission seines Fluges aufkommen.

MIT DEM ZUG

Direkte Züge gibt es schon lange nicht mehr. Ein Liege- und Schlafwagenzug verkehrt von Berlin nach Malmö, ein weiterer von Kopenhagen nach Stockholm (www.sj.se oder www.resplus.se). Die Fahrkartenschalter auf dem Hauptbahnhof haben knappe Öffnungszeiten. Inlandsschalter: Mo–Fr 7.30–19.45, Sa 8.30 18 und So 9 30–19 Uhr. Auslandsschalter: Mo–Fr 10–18 Uhr. Personengebundene Tickets können (online) drei Monate im Voraus erworben werden.

MIT DEM AUTO

Der schnellste Weg nach Stockholm führt über Dänemark mit einer kurzen Fährüberfahrt zwischen Puttgarden–Rødby und dann über die Öresundbrücke. Wer aus Süddeutschland, der Schweiz oder Österreich kommt, benutzt gerne eine der Fähren (Kiel–Göteborg oder Travemünde–Trelleborg), um nachtschlafenderweise einen Teil des Wegs hinter sich zu bringen. Die Promillegrenze in Schweden liegt bei 0 Promille. Auch bei Tag ist Fahren mit Abblendlicht vorgeschrieben.

MIT DEM BUS

Alle Busse kommen auf dem zentralen Busbahnhof Cityterminalen neben dem Hauptbahnhof an. Eurolines verkehrt zwischen Berlin, Hamburg, Köln und Stockholm (www.eurolines.dk). Eine Busreise ist nur wenig billiger als die Bahn und dauert viel länger. Linien innerhalb Schwedens unterhält das Unternehmen Swebus (Tel. 02 00/ 21 82 18, www.swebus.se) ab Cityterminalen.

AUSKUNFT

IN DEUTSCHLAND, ÖSTERREICH UND
DER SCHWEIZ

Visit Sweden
www.visitsweden.com
– in Deutschland:
Tel. 0 69/22 22 34 96
– in Österreich: Tel. 0 1 92/8 67 02
– in der Schweiz: Tel. 0 44/5 80 62 94

IN STOCKHOLM

Stockholm Tourist Information
Offices   C 4
Norrmalm • Vasagatan 14 (gegenüber
Hauptbahnhof) • U-Bahn: T-Centralen
(c 3) • Tel. 8 50 82 85 08 • www.visit
stockholm.com • April–Sept. Mo–Fr
9–19, Sa 10–17, So 10–16, Okt.–März
Mo–Fr 9–18, Sa 10–17, So 10–16 Uhr

BUCHTIPPS

**Jonas Hassan Khemiri: Das Kamel
ohne Höcker** (Serie Piper 2007)
Über das Leben eines jungen Mannes in der Stockholmer Vorstadt,
teilweise im Vorstadtslang verfasst.
Der Autor ist Stammgast im ehrwürdigen Café Valand.

**Selma Lagerlöf: Die wunderbare
Reise des Nils Holgersson** (Reclam)
Dieses Werk darf auf keiner Schwe-
denreise fehlen. Der in einen Däum-
ling verwandelte Nils besucht auf seiner Reise mit den Wildgänsen u. a.
den Skansen.

Astrid Lindgren: Märchen (Oetin-
ger Verlag, 1989) Für alle, die die
Kinderbücher von Astrid Lindgren
gelesen und geliebt haben oder dies
nachholen wollen.

**Maj Sjöwall/Per Wahlöö: Der Mann
auf dem Balkon** (Rowohlt TB, 2005)
In der Serie über Kommissar Beck,
die den Ruhm schwedischer Krimi-
nalromane begründete, liegen die Lei-
chen in Parks, u. a. im Tantolunden.

DIPLOMATISCHE VERTRETUNGEN

Deutsche Botschaft   G 4
Östermalm • Skarpögatan 9 • Bus 69:
Ambassaderna • Tel. 6 70 15 00 •
www.stockholm.diplo.de

Österreichische Botschaft   E 3
Östermalm • Kommendörsgatan 35 •
U-Bahn: Karlaplan (d 3) •
Tel. 6 65 17 70 • www.aussen
ministerium.at/stockholm

Schweizerische Botschaft   D 2
Östermalm • Valhallavägen 64 •
U-Bahn: Tekniska högskolan (d 3) •
Tel. 6 76 79 00 • www.eda.admin.ch/
stockholm

FEIERTAGE

In Schweden gibt es folgende gesetz-
liche Feiertage:
1. Jan. Neujahr
6. Jan. Dreikönigstag
Karfreitag
Ostermontag
1. Mai Tag der Arbeit
Himmelfahrt
6. Juni Nationalfeiertag
Mittsommarafton (Freitag nach
dem 21. Juni)
Mittsommardagen (der darauffol-
gende Samstag)
1. Nov. Allerheiligen
25./26. Dez. 1. und 2. Weihnachts-
feiertag
31. Dez. Silvester

FESTE UND EVENTS

FEBRUAR

Vikingarännet
Das 1999 zum ersten Mal ausgetra-
gene Schlittschuhrennen (Wikinger-
rennen) führt 80 km von Uppsala
nach Stockholm auf der Schifffahrts-
route der Wikinger, vorbei u. a. an
Skokloster, Sigtuna und Drottning-

holm. Die Ziellinie befindet sich nördlich von Långholmen.
Je nach Eisverhältnissen an einem von zwei Sonntagen Mitte Februar • www.vikingarannet.com

Vårsalongen (Frühlingssalon), Liljevalchs konsthall

▸ Museen und Galerien, S. 82

APRIL
Påsk

Ostern ist in Schweden ein Familienfest. Restaurants sind geschlossen, die Innenstadt verödet. Stimmungsvolle Gottesdienste gibt es in der Osternacht, etwa in der Engelbrektskyrkan auf Östermalm. Am Gründonnerstag verkleiden sich die kleinen Mädchen mit Kopftuch und Besen als »Påskhäxor« (Osterhexen) und sammeln bei den Nachbarn im Tausch gegen handgemalte Osterkarten Süßigkeiten ein.
Gründonnerstag, Karfreitag bis Ostermontag, am Gründonnerstag haben Påskhäxor freien Eintritt im Skansen

Valborgsmässoafton

An mehreren Orten werden in der Walpurgisnacht große Feuer entzündet. Chöre singen Frühlingslieder, es wird eine Rede auf den Frühling gehalten. Warm anziehen: Ende April kann es nachts noch Frost geben.
30. April • www.skansen.se

MAI/JUNI
Första Maj

Die Umzüge mit den roten Fahnen werden von Jahr zu Jahr kleiner, aber immer noch werden vor dem Folkets Hus und dem Hauptquartier des Gewerkschaftsbunds LO (Landsorganisation) feurige Reden gehalten.
1. Mai • www.lo.se

Verleihung des ALMA

Der Astrid Lindgren Memorial Award, der höchstdotierte Kinder- und Jugendliteraturpreis der Welt, wird im Konserthus verliehen. Zu den bisherigen Preisträgern gehören Christine Nöstlinger, Philip Pullman und Shaun Tan. Zugang nur mit Einladung, der Festvortrag des Preisträgers einige Tage zuvor ist öffentlich.
Ende Mai • www.alma.se

Stockholm Marathon

Zwei Runden durchs Herz der Stadt, bei der ersten geht es um den Kaknästornet auf Gärdet, bei der zweiten über Djurgården. Start und Ziel sind das Olympiastadion von 1912.
Letzter Sa im Mai oder 1. Sa im Juni • www.stockholmmarathon.se, www.jubileumsmarathon.se

JUNI
Nationaldagen

Der König verteilt am schwedischen Nationalfeiertag im Skansen schwedische Fähnchen. Der Nationalfeiertag ist eine Erfindung des Skansen-Gründers Artur Hazelius. An diesem Tag wurde Gustav Wasa 1523 zum König ausgerufen – was aber kaum ein Schwede weiß.
6. Juni • www.skansen.se

Skärgårdsbåtens Dag

Großes Volksfest in Vaxholm, zu dem sämtliche Dampfschiffe, die es in Stockholm noch gibt, kommen.
Anfang Juni • www.skargardstrafikanten.se

Midsommar

Das Mittsommerfest ist, was seine Bedeutung betrifft, nur mit Weihnachten und Ostern zu vergleichen. Veranstaltungen im Freilichtmu-

seum Skansen, auf Riddarholmen und in Vaxholm. Viele Geschäfte und Restaurants bleiben geschlossen.
Wochenende um den 24. Juni

Skansen Allsång

Hier treten schwedische Schlagerstars wie Tomas Ledin und Caroline af Ugglas auf, aber auch der Eurovision-Song-Contest-Sieger, der Norweger Alexander Rybak. Alle dürfen mitsingen! Conferencier ist im Moment die Sängerin Petra Marklund.
Ende Juni–Anfang Aug. jeden Dienstag um 20 Uhr • Freilichtbühne Sollidenscenen • www.skansen.se

JULI
Jazz Festival

Das bedeutendste Musikereignis der Stadt. Mehr als 40 Konzerte mit ca. 30 000 Zuhörern.
3. Woche im Juli • www.svd.se/jazz

Stockholm Pride

Stockholms großes Gay-Festival dauert eine Woche. Höhepunkt ist eine Parade (Samstag). Neu ist seit 2010 das Veranstaltungszentrum im Park des Sjöhistoriska museet.
Ende Juli/Anfang August • Ladugårdsgärdet • www.stockholmpride.org

AUGUST
Stockholms Kulturfestival

Straßentheater, Tanzveranstaltungen, Konzerte, das meiste gratis.
Anfang August, in der letzten Woche der schwedischen Schulferien • www.kulturfestivalen.stockholm.se

Östersjöfestivalen

Dieses Festival für klassische Musik, an dem Orchester, Chöre und Musiker aus dem ganzen Ostseeraum teilnehmen, ist eines der bedeu-

tendsten in Skandinavien. Es wird von P 2 (dem Klassiksender) live übertragen.
Ende August • Berwaldhallen • www.balticseafestival.com

Tjejmilen

In Schweden werden Entfernungen in »mil« (»en mil« = 10 km) gerechnet. Die »Tjejmil« (Mädelmeile) laufen jedes Jahr bis zu 30 000 Teilnehmerinnen auf Djurgården.
Ende August/Anfang September • www.tjejmilen.se

SEPTEMBER
Stockholm Halvmarathon

21 098 m weit geht es durch Norrmalm und über Södermalm und Kungsholmen.
Samstag Mitte September • www.stockholmhalvmarathon.se

NOVEMBER
Stockholm Filmfestival

Das 10-tägige Festival steht jedes Jahr unter einem anderen Motto.
www.stockholmfilmfestival.se

DEZEMBER
Weihnachtsmarkt

Im Freilichtmuseum Skansen (Sa, So 11–16 Uhr) und auf dem Stortorget.

Nobeldagen

Tag der Nobelpreisverleihung durch Carl XVI. Gustav im Konserthuset, anschließend großartiges Bankett im Stadshuset. Leider nur mit persönlicher Einladung.
10. Dezember

Luciadagen

Prozession der Lucia durch die Stadt zum Freilichtmuseum Skansen.
13. Dezember

GELD

1 SEK.................... 0,11 €/0,13 SFr
1 €............................. 9,24 SEK
1 SFr .... 7,68 SEK

Die schwedische Währung ist die **Schwedische Krone** (SEK). Eine Krone sind 100 Öre. Scheine gibt es zu 20, 100, 500 und 1000 SEK.

Die meisten Banken sind an Wochentagen von 9.30 bis 15 Uhr geöffnet, donnerstags bis 18 Uhr. Geld wechseln können Sie in Wechselstuben am Sveavägen, in der Kungsgatan, am Hauptbahnhof, im PUB-Warenhaus und im Warenhaus NK. Bargeld am Automaten mit einer Maestro/EC-Karte (bis 4000 SEK täglich).

INTERNET

www.visitstockholm.com
Umfassendes Stockholmportal mit Hotels und Wettervorhersage. Offizieller Stadtführer mit Ausgehtipps und Restaurantempfehlungen auf Deutsch und Englisch (ausführlicher).

www.kungahuset.se
Offizielle Homepage des Königshauses. Hier kann man erfahren, welche Pläne der König in nächster Zeit hat.

www.si.se
Das Svenska Institutet veröffentlicht Informationsmaterial z. B. über Alfred Nobel und Astrid Lindgren.

www.smhi.se
Das staatliche meteorologische Institut. Wetterprognosen für fünf Tage für jeden Ort in Schweden.

www.goethe.de/ins/se/de/sto/kul/sup/sds.html
Das Goethe-Institut Stockholm bietet eine App »Deutsche Spuren« an.

KRIMINALITÄT

Handtaschenraub ist nicht selten, Autoaufbrüche sind an der Tagesordnung. Keine Wertsachen im Auto liegen lassen! Prostitution ist in Schweden verboten, wer für Sex bezahlt, macht sich strafbar.

MEDIZINISCHE VERSORGUNG

KRANKENVERSICHERUNG

Die Vorlage einer Europäischen Krankenversicherungskarte (EHIC) ist ausreichend. Als zusätzlicher Versicherungsschutz empfiehlt sich der Abschluss einer Auslandskrankenversicherung, da diese Krankenrücktransporte mitversichert.

KRANKENHAUS

Karolinska Universitetssjukhuset   A 2

Solna • Karolinska vägen •
Bus 59: Karolinska sjukhuset •
Tel. 5177 00 00

APOTHEKEN

Apotheken sind meist von Mo–Fr und Samstagvormittag geöffnet.
www.apoteket.se

C.-W.-Scheele-Apotheke   D 4

Norrmalm • Klarabergsgatan 64 •
U-Bahn: T-Centralen (c 3) • Tel.
2189 34 • 24 Std. tgl. geöffnet

NEBENKOSTEN

1 Tasse Kaffee .... 2,40 €
1 Bier .... 5,50 €
1 Cola .... 2,30 €
1 Brot (ca. 500 g) .... 2,20 €
1 Schachtel Zigaretten .... 5,00 €
1 Liter Benzin .... 1,50 €
Fahrt mit öffentl. Verkehrsmitteln
  (Einzelfahrt) .... 3,50 €
Mietwagen/Tag inkl. km ... ca. 80,00 €

NOTRUF

Euronotruf Tel. 112
(Polizei, Feuerwehr, Rettungsdienst)

POST

Seit 2002 ist die schwedische Post nicht mehr für Privatkunden zuständig. Sämtliche Postämter sind geschlossen worden. Briefmarken gibt es fast nur noch an Tankstellen und in ICA-Supermärkten. Die Briefkästen sind gelb. Für Sendungen innerhalb der Region Stockholm (Postleitzahlen, die mit 1 beginnen) gibt es vereinzelt auch hellblaue Briefkästen. Ein Brief oder eine Postkarte ins Ausland (Deutschland, Österreich, Schweiz) kostet 14 SEK. Das Inlandsporto beträgt 7 SEK.

REISEDOKUMENTE

Deutsche, Österreicher und Schweizer können mit gültigem Reisepass oder Personalausweis (Identitätskarte) einreisen. Auch Kinder unter 16 Jahren benötigen seit dem Jahr 2012 einen Kinderausweis.

REISEKNIGGE

Danken In Schweden wird mehr gedankt als weiter südlich in Europa: Nach dem Essen ist »Tack för maten« (Danke für das Essen) obligatorisch. Nach einer Einladung ruft man an oder schickt eine Karte und sagt: »Tack för senast« (Danke für letztens). **Schuhe** Beim Betreten einer Wohnung ziehen alle grundsätzlich die Schuhe aus. Bei mehreren Monaten Schneematsch im Jahr würden die Stockholmer sonst mit dem Putzen nicht mehr fertig werden.

Trinkgeld In vielen Restaurants ist Selbstbedienung üblich, ansonsten sind bis zu 10 % des Rechnungsbetrags als Trinkgeld angebracht.

REISEZEIT

Im Juni ist es relativ trocken, und die Tage sind am längsten. Die meisten Niederschläge fallen im August und Dezember, die regenärmsten Monate sind der Februar, März, April und Mai. Allerdings ist es immer ratsam, etwas Warmes dabeizuhaben.

STADTRUNDFAHRTEN

Im Sommer starten Stadtrundfahrten am Gustav Adolfs torg, Abfahrt vor der Oper (Dauer 50 Min.). Lohnender ist es jedoch, die Stadt vom Wasser aus zu betrachten. Die Tour »Unter den Brücken von Stockholm« (»Under Stockholms Broar«) dauert zwei Stunden und führt zweimal durch die Schleuse (»Slussen«) zwischen Mälarsee und Saltsjön. Bootsrundfahrten beginnen am Strömkaj vor dem Grand Hôtel, am Nybroplan vor Dramaten und am Stadshuskaj.

City-Sightseeing/Stockholm

Sightseeing • Tel. 58 714 030 • www.stromma.se

Klima (Mittelwerte)	JAN	FEB	MÄR	APR	MAI	JUN	JUL	AUG	SEP	OKT	NOV	DEZ
Tages- temperatur	-1	-1	2	8	15	20	22	20	15	9	5	2
Nacht- temperatur	-5	-6	-4	1	6	10	14	13	9	5	1	-2
Sonnen- stunden	1	2	5	7	9	10	9	7	6	3	1	1
Regentage pro Monat	10	7	6	7	7	8	9	10	9	9	10	11

Touren in die Schären
– Waxholmsbolag • Tel. 6 79 58 30 •
www.waxholmsbolaget.se
– Strömma Kanalbolag •
Tel. 58 71 40 00 • www.stromma.se

STOCKHOLM CARD
Für Leute, die vier Museen an einem
Tag verkraften, lohnt sich der Kauf
der Stockholmskortet: Sie kostet für
24 Stunden 495 SEK, für 48 Stunden
650 SEK, für 72 Stunden 795 SEK
und berechtigt zum Besuch aller
großen Museen, beispielsweise Skansen und Vasamuseet, und zur kosten-
losen Benutzung des öffentlichen
Nahverkehrs. Für Kinder von 7 bis
17 Jahren kostet die Karte 225/265/
295 SEK, jedoch nur in Verbindung
mit einer Erwachsenenkarte. Der
Eintritt für Kinder ist in den meisten
Museen (außer Skansen und Junibacken) allerdings ohnehin frei.
www.visitstockholm.com

TELEFON
Münz- und Kartentelefone stehen in
jeder U-Bahn-Station. Das Telefon-
buch heißt auf Schwedisch »telefon-
katalog«. Im Internet: www.eniro.se
und www.hitta.se (hitta heißt finden).

VORWAHLEN
D, A, CH ▸ Schweden 00 46
Schweden ▸ D 00 49
Schweden ▸ A 00 43
Schweden ▸ CH 00 41
Stockholm hat die Vorwahl 8 (inner-
halb Schwedens 08).

TIERE
Hunde und Katzen benötigen zur
Einreise einen EU-Heimtierausweis
(stellt der Tierarzt aus) mit Nachweis
einer Tollwutimpfung. Das Tier muss
durch Mikrochip identifizierbar sein.

VERKEHR
AUTO
Parkplätze in Stockholm sind rar und
recht teuer. Parken in den Außenbe-
zirken kostet 12 SEK in der Stunde
oder 120 SEK pro Tag. Sollten Sie abgeschleppt worden sein: Aufgestellt
wird in Ropsten (Tel. 7 85 60 00), U-
Bahn: Ropsten (d 3). An einem Vor-
mittag die Woche ist auf allen Straßen
Halteverbot, denn dann wird gefegt
(»städdag«). Es wird abgeschleppt!
Vor Zebrastreifen muss ein Abstand
von 12 m eingehalten werden.

FAHRRAD
City Bikes
Zwischen 1. April und 31. Oktober ist
man mit einem City Bike am schnells-
ten unterwegs. Eine Saisonkarte kostet via Internet 250 SEK, sonst
300 SEK, eine Dreitageskarte 165 SEK
(bei allen SL-Verkaufsstellen oder in
der Touristeninformation). Dafür
kann man an einem der zentralen
Plätze, beispielsweise am Odenplan
oder Östermalmstorg, ein Fahrrad
leihen (ab 18 Jahre) und drei Stunden
herumfahren, dann muss man das
Rad allerdings an einer Entleihsta-
tion abgeben und aufs nächste umsteigen. Fahrräder können zwischen
6 und 22 Uhr entliehen werden.
Rückgabe rund um die Uhr.
www.citybikes.se

ÖFFENTLICHE VERKEHRSMITTEL
U-Bahn
Die Stockholmer U-Bahn, die **Tunnelbana**, besteht aus drei verschiedenen Linien, die sich am Hauptbahnhof (T-Centralen) kreuzen und
auf dem Weg in die Vororte verzwei-
gen. Jede Linie hat ihre eigene Farbe:
Grün, Rot oder Blau. Die Zugfolge
ist tagsüber dicht, an Wochenenden

fährt die U-Bahn die ganze Nacht. An Werktagen müssen Sie auf Nachtbusse ausweichen. Die Tunnelbana ist mit 108 km Schwedens längste Sehenswürdigkeit.

Bus

Das **Busnetz** ist sehr dicht. Die Busse im Innenstadtbereich haben ein- oder zweistellige Nummern, die in die Vororte dreistellige. An Wochentagen verkehren morgens und nachmittags Pendlerbusse aus umliegenden Orten, mit denen man schneller unterwegs ist als mit dem Pendelzug, beispielsweise der Bus 516 von Viby im Norden zum Sergels torg.

Straßenbahn

Seit 2010 verkehrt erstmals in der Innenstadt wieder eine Straßenbahn: die Linie 7 zwischen Sergels torg und Waldemarsudde (Djurgården). In den Vororten haben nur zwei Straßenbahnlinien überlebt: im Osten zwischen Ropsten und Gåshaga und im Westen zwischen Alvik und Nockeby (dort kann man dann in den Bus zum Drottningholm slott umsteigen). Die Fahrt zwischen Sickla Udde und Alvik eignet sich ideal für Sightseeing: Es geht u. a. durch die moderne Hammarby Sjöstad, durch das grüne, idyllische Gröndal und über zwei Brücken über den Mälaren.

Fahrkarten

In Stockholm gibt es keine Streifenkarten mehr, ein Einzelfahrschein (im Stadtgebiet) kostet im Vorverkauf (Zeitungskiosk) 36 SEK (an der U-Bahn-Sperre 44 SEK). Beim Busfahrer können keine Fahrkarten erworben werden! Billiger ist der Kauf einer Access-Karte an der U-Bahn-Sperre oder bei einem Pressbyrå-Zeitungskiosk: Diese kann für 24 Stunden (115 SEK), 72 Stunden (230 SEK) oder 7 Tage (300 SEK) oder mit einer beliebigen Geldsumme aufgeladen werden. Mit der Access-Karte kostet die Einzelfahrt dann nur noch 25 SEK (reduziert, Kinder und Senioren 15 SEK), was zwei Streifen entspricht. Fahrten ins Umland, nach Drottningholm und Vaxholm sind teurer und kosten drei Streifen. Dann ist der Kauf einer Tages- und Wochenkarte unbedingt zu empfehlen. Nur diese berechtigt zur Benutzung der Fähre zwischen Slussen und Djurgården. Die Fähren, die neuerdings zwischen Nybroplan, Nacka, Hammarbyhamnen und Lidingö verkehren, können mit einer normalen Access-Streifenkarte benutzt werden.

TAXI

Stockholm ist vermutlich die einzige Stadt der Welt, in der die Taxipreise im Zuge von Privatisierung und Liberalisierung nicht mehr festgelegt sind: Der Maximalpreis einer Fahrt durch die Innenstadt, der am Fenster des Taxis angeschlagen sein muss, darf so maximal zwischen 320 SEK und 2000 SEK betragen. Mit Vorliebe lauern die Betrüger, wenn man sie denn so nennen will, denn alles ist ja ganz legal, ihren Opfern vor Krankenhäusern oder an den Nebeneingängen des Hauptbahnhofs auf. Von Fahrten mit dem Taxi kann also in Stockholm nur abgeraten werden. Im Übrigen wird empfohlen, nie auf der Straße einfach in ein Taxi einzusteigen!

Taxi Stockholm: Tel. 15 00 00
Taxi Kurir: Tel. 30 00 00
Taxi 020: Tel. 0 20/20 20 20
Taxi Card: 97 00 00

Orts- und Sachregister

Wird ein Begriff mehrfach aufgeführt, verweist die **halbfett** gedruckte Zahl auf die Hauptnennung. Abkürzungen: Hotel [H], Restaurant [R]

Liebe Leserinnen und Leser,
vielen Dank, dass Sie sich für einen Titel aus unserer Reihe MERIAN *live!* entschieden haben.
Wir freuen uns, Ihre Meinung zu diesem Reiseführer zu erfahren. Bitte schreiben Sie uns an
merian-live@travel-house-media.de, wenn Sie Berichtigungen und Ergänzungen haben – und
natürlich auch, wenn Ihnen etwas ganz besonders gefällt.
Alle Angaben in diesem Reiseführer sind gewissenhaft geprüft. Preise, Öffnungszeiten usw.
können sich aber schnell ändern. Für eventuelle Fehler übernimmt der Verlag keine Haftung.

© 2015 TRAVEL HOUSE MEDIA
   GmbH, München
MERIAN ist eine eingetragene Marke der
GANSKE VERLAGSGRUPPE.

**BEI INTERESSE AN DIGITALEN DATEN
AUS DER MERIAN-KARTOGRAPHIE:**
kartographie@travel-house-media.de

**BEI INTERESSE AN MASSGESCHNEI-
DERTEN MERIAN-PRODUKTEN:**
Tel. 0 89/4 50 00 99 12
veronica.reisenegger@travel-house-
media.de

BEI INTERESSE AN ANZEIGEN:
KV Kommunalverlag GmbH & Co KG
Tel. 0 89/9 28 09 60
info@kommunal-verlag.de

TRAVEL HOUSE MEDIA
Postfach 86 03 66
81630 München
merian-live@travel-house-media.de
www.merian.de
1. Auflage

VERLAGSLEITUNG
Dr. Malva Kemnitz
REDAKTION
Sylvia Hasselbach
LEKTORAT UND SATZ
Gabriele Gutmair für bookwise, München
BILDREDAKTION
Susann Jerofsky
HERSTELLUNG
Gloria Schlayer, Bettina Häfele
REIHENGESTALTUNG
La Voilà, Marion Blomeyer & Alexandra
Rusitschka, München und Leipzig
(Coverkonzept, Ergänzungen Innenteil)
Independent Medien Design, Horst Moser,
München (Innenteil)
KARTEN
Gecko-Publishing GmbH für MERIAN-
Kartographie
DRUCK UND BINDUNG
Firmengruppe APPL, aprinta druck,
Wemding

Ein Unternehmen der
GANSKE VERLAGSGRUPPE

PEFC/04-32-0928

BILDNACHWEIS
Titelbild (Stockholm Sweden af Chapman), Prisma: J. Larsson
Agentur Bilderberg: G. Knoll 13 • Alamy: J. Benninghofen 71, mauritius images 75 • Äppelfabriken 38 •
Bildagentur Huber: Gräfenhain 2, Lubenow 65 • Bildagentur-online: C. Ehlers 45, Sundberg-TIPS 72,
TIPS-Images 83 • Bilderberg: G. Knoll 42, 48, 104 • Corbis 9, 53, J. Hicks 18/19 • G. Knoll 24, 30, 32, 61,
101 • Gemeinfrei 114l, 114r, 115l, 115r • Getty Images: F. Chmura 56 • Hotel Rival 23 • Hötorgshallen: M.
Ekelund 14 • Jahreszeiten Verlag: R. Persson 27 • Junibacken 50 • Laif: A. Teichmann 11, D. Asbach 88, D.
Kruell 20, J.-B. Rabouan/hemis 94/95, M. Karlberg/Kontinent 78, M. Sasse 4, 110/111 • Liljevalchs Konsthall:
D. Magnusson 84 • Look-Foto: E. Fleisher 112 • M. Sasse 46, 63 • Mauritius Images: photolibrary 81 •
Nationalmuseum: E. Cornelius 87 • Nobelmuseet 76 • Per Myrehed 17 • Prisma: F1online 66 • PUB 41 •
Schapowalow: Huber 108, R. Harding 99 • Shutterstock: O. Mark 54/55 • Stockholm Visitors Board: L.
Granefelt 97 • Sturegallerien 34 • Tekniska museet: A. Gerdén 91